© 2022, Philippe Lenoir
Édition : BoD – Books on Demand,
12/14 rond-point des Champs-Élysées, 75008 Paris
Impression : BoD - Books on Demand, Norderstedt, Allemagne
ISBN: 9782322405046
Dépôt légal : Février 2022

Le Patriote rectiligne

Billaud-Varenne

« Billaud était la terreur pure ; il ignorait solidement et volontairement le passé, et il n'avait au cœur aucun sens de l'avenir ... Billaud sans sourciller eût proscrit toute la vie. »
Michelet

« La pensée sociale de Billaud-Varennes est bien plus large, plus forte, plus pénétrante. Ce n'est pas seulement une sorte de révolte occasionnelle de l'esprit déterminée par le renchérissement momentané des subsistances, il a sondé les plaies profondes et permanentes d'une société où la propriété de quelques-uns refoule le plus grand nombre dans la misère et la servitude. »
Jaures

Portraits

Dans son exil de la Guyane, Jacques Nicolas Billaud-Varenne*, une des premières victimes de « la guillotine sèche », demande à son père les œuvres de Salluste, Cicéron, Montaigne, Locke, Montesquieu, Rousseau … qu'il veut relire. Ainsi, répudié par l'Histoire à Cayenne, sa destinée s'achève en terre américaine. A Cayenne , il survit à quatre ans de prison, cultive ses girofliers auprès de sa compagne guadeloupéenne Virginie*, puis à Saint-Domingue devenue Haïti, première terre noire libre grâce au général mulâtre Pétion, qui lui sert une pension jusqu' à sa mort en 1819.

Cette grande figure de la Convention montagnarde Billaud-Varenne se dérobe au jugement de l'historien. Pourtant, à la tribune des Jacobins, à la tribune de la Convention, il réclame le premier la mise en accusation du roi, l'abolition de la royauté et l'instauration de la République (ni Robespierre, ni Danton, ni même Marat n'y songeaient). Il s'oppose à la guerre à outrance des Girondins ; il réorganise l'armée (avec Carnot), veille à l'approvisionnement de Paris et des grandes villes ; il établit les règles pointilleuses de la comptabilité nationale (avec Lindet), soutient l'affranchissement des esclaves (avec l'abbé Grégoire) ; il s'échine à faire cesser les guerres de l'Ouest … Mais l'historiographie ne retiendra contre lui que la mise en accusation des Girondins, celle d'Hébert et des Ultras, l'élimination de Danton, l'acquiescement à la Grande Terreur, avant de jouer un rôle décisif dans la chute de Robespierre – le prix du sang. C'est ainsi que François Boddaert introduit le personnage dans son livre « De la vertu, disparue des tribunes. »

Pour les royalistes de la Restauration, il fut le prototype des " buveurs de sang ". Pour Michelet, « la Terreur pure », et selon Richir « une machine à tuer ».

Pour les libéraux de la monarchie de Juillet, il était par contre le héros qui ne plie pas, qui a refusé la grâce offerte par Bonaparte. Camille Desmoulins*, qu'il envoya aussi à la guillotine, l'appelait « le patriote rectiligne » !

Mais d'abord portons notre curiosité sur son apparence physique. Quelques portraits nous le décrivent.

L'un est de 1790. Il a été réalisé par Jean-Baptiste Greuze, le peintre le plus moralisateur de son temps et prodigieux portraitiste, auquel il fit appel. L'homme est pensif, regard sombre et grave, bouche serrée et menton ferme. Il sort de sa poche intérieur un livret vert. S'agit-il d'un ouvrage de sa propre composition ou d'un traité sur le Droit naturel ? Peut-être un livre de Burlamaqui ou de Vattel ? Peut-être est-ce le peintre qui demanda au modèle d'accepter ce portrait ? On sait combien Greuze était attiré par la morale et la vertu.

L'autre de 1791 est de Jeanne Doucet de Surigny qui le représente en redingote rayée, plus souriant et curieusement portant perruque. Et pourtant ces deux portraits avec leurs particularités respectives peuvent se superposer.

Pour Arthur Conte, « il est court de taille, sans qu'il fasse petit. Il respire la gravité. Vous découvrez un visage très pâle et allongé, un front bas de coriace, des yeux enfoncés, peu mobiles, dont vous pouvez avoir l'impression qu'ils louchent, très légèrement. La bouche est secrète. L'homme ne rit jamais, sourit peu. Les lèvres, minces, elles-mêmes pâles, ne sont certes pas d'un épicurien. Excepté à la tribune, il parle peu. Il est toujours sobrement – et sombrement – vêtu, toujours très correctement, jamais débraillé, jamais chiffonné. Vous imaginez aussitôt un pasteur, dur, probe, convaincu, qu'on ne doit pas aisément décourager, intimider, contredire. »

Un autre témoignage vient de Louis-Ange Pitou, poète et chansonnier, déporté lui aussi en Guyane où il le vit et le décrit : « Billaud tranquille marchait à pas comptés, la tête haute, un perroquet sur son doigt qu'il agaçait d'une main nonchalante, se tournait par degrés vers les flots de la multitude à qui il donnait un rire sardonique ne répondant aux malédictions dont on le couvrait que par ces mots à qui l'accent donne beaucoup d'expression dans la bouche d'un homme de son caractère: Pauvre peuple ! … Jacquot ! Jacquot ! … Viens-nous-en, Jacquot ! »

Le capitaine Bernard qui habitait près de chez lui à l'Hermitage à Cayenne, décrit « sa haute stature fière … sa figure large et pâle … sa physionomie pleine de douceur … sa perruque rousse taillée à la jacobine … un accent, des manières annonçant une distinction que son costume, plus que simple, ne peut effacer ».

Je le vois effectivement plutôt grand que court de taille et sa pâleur me semble exagérée car trop plaquée à l'image du vampire qu'on souhaite trop souvent lui donner. Un troisième portrait par J. Gauchard étonnamment et malencontreusement dénommé portrait de Billaud-Varennes, est en fait celui d'un théologien méthodiste Anglais, Samuel Drew, mais qui pourrait bien convenir à son image, en tout cas à celle que je me suis construite en imagination.

De son dernier portrait, écoutons le docteur Chervin qui venait souvent le visiter à Haïti:

" Le temps avait creusé profondément ses joues et fatigué sa forte tête ; sa figure, plus pâle que jamais, était devenue d'une maigreur effrayante ; elle semblait plus longue, plus resserrée et plus expressive. Ses cheveux, autrefois noirs et plats, qui simulaient la crinière du lion, suivant des paroles devenues historiques, étaient tout blancs. Ses regards, seuls, avaient conservé leur premier feu, et quelquefois leur fixité terrible ; on sentait bien, en l'approchant, qu'il restait encore en lui quelque chose des habitudes d'un ancien grand pouvoir, mais ce n'était que passagèrement qu'on s'en apercevait. Vous étiez-vous débarrassé de certains souvenirs, sa figure redevenait à vos yeux calme et bienveillante, malgré le reste de fierté que Billaud ne pouvait cacher ".

portrait par Jean-Baptiste Greuze – 1790

portrait par Jeanne Doucet de Surigny - 1791

Jean Nicolas Grault-Varenne is a drawing by Ken Welsh which was published on April 19th 2019.

dessin par Ken Welsh - Engraved by J. Gauchard after D. Bocourt.

From "Histoire de la Révolution Française" by Louis Blanc.

De la déportation à l'exil

Billaud était assis sur un fauteuil en osier et voyait de sa terrasse arriver le jeune Colombel*, lequel, sur son cheval, lui fit signe. Déjà une semaine qu'ils avaient quitté Port au Prince pour atteindre les Mornes Charbonnières avec sa bien-aimée et dévouée Virginie. Il pensait qu'il se reposerait mieux dans ces hauteurs ventées loin des chaleurs de la plaine et de l'humidité de la côte. Deux ânes avaient porté leurs affaires et son corps bien fatigué jusqu'à destination, voyage qui dura toute une journée. Il sentait la fin venir et n'était pas mécontent de voir son ami qui souhaitait relever par écrit son histoire ou, plutôt, préférait-il penser, sa justification. Tant de souffrances endurées depuis les événements tragiques de la Révolution, puis sa déportation en Guyane et maintenant son exil à Haïti. Tant de souvenirs, d'images innombrables dans sa tête, ses discours à la Convention, les tumultes des débats, les cours pavées ensanglantées, la guillotine et puis pour lui la « guillotine sèche », sans jugement, et les moiteurs nauséabondes des marais de Sinnamary, les serpents, les moustiques, les fièvres et la dysenterie qui peu à peu l'amenait au tombeau. Il appela Virginie pour qu'elle aide Colombel à attacher son cheval et pour préparer un punch de sa composition qui ravissait plus d'un palais. Le soleil se couchait vers l'île de la Gonâve qu'on devinait au travers des grands pins qui faisaient la fraîcheur des Mornes.

Noël Colombel, jeune mulâtre ambitieux et intelligent, était le secrétaire particulier de son Excellence le Président de la République Haïtienne, Alexandre Pétion. Il aimait partagé avec Billaud ses réflexions sur la République, et, en accord avec ce dernier, s'était engagé à rédiger un récit historique de la Révolution Française. Sentant la mort prochaine du grand Conventionnel, ils avaient convenus de se revoir un soir ou deux chez celui-ci. Billaud se leva pour inviter son ami à s'asseoir à coté de lui et demanda à Virginie de partager ce moment avec eux .

Mon ami, dit Billaud, je souhaiterai d'abord te raconter les événements liés à ma déportation en Guyane puis l'exil que j'ai choisi ici, à Haïti, grâce à l'hospitalité que m'offrit le Président Pétion.

Je bénéficiai ainsi de la bienveillance qu'il apporta aux révolutionnaires victimes de circonstances contraires, de son accueil si chaleureux le même qu'il a pu manifester, un peu moins d'un an avant ma venue, pour Simon Bolivar, cette grande figure de la Liberté.

Échappé d'Europe comme par miracle à tant de fureur me voilà ainsi relégué au bout du monde, passant dans les ténèbres de la fosse aux lions de l'aviso qui me transféra de La Rochelle en Guyane, puis mis au fond des cachots du fort de Cayenne et, saisi par des fièvres mortifères, envoyé par l'acharnement haineux du gouverneur Jeannet dans les sous-sols de l'hôpital parmi les galériens. J'étais non seulement un proscrit mais en plus de l'isolement, j'étais en butte à des vexations permanentes de la part des habitants de Cayenne qui n'hésitaient pas non plus à proférer des menaces.

Tous les déportés de Guyane* possédaient cette certitude de côtoyer en permanence la mort. Lors de mon arrivée à Cayenne en messidor an III, je fus enfermé au fort. Je fus ensuite transporté à Sinnamary le 3 frimaire an IV (24 novembre 1795). A mon arrivée, une tempête tropicale ébranla ce petit bourg de quelques cases et cet événement n'aida pas à favoriser mon acceptation par la petite communauté du lieu composée surtout de noirs qui, on le sait, versent facilement dans la superstition la plus débridée. La rumeur était que le ciel tonnait contre un grand coupable.

L'air malsain de ce pays ne tarda pas à m'être fatal. Atteint d'une fièvre chaude très violente, je fus reconduit à Cayenne, et placé à l'hôpital militaire de cette ville qui était dirigé par les sœurs grises de Saint-Paul de Chartres.

Ma maladie s'est alors aggravée d'une dysenterie violente qui devint chronique puisque c'est elle qui me tue encore à petit feu. Je revis alors Collot d'Herbois*, lui aussi pris de fortes fièvres tropicales. Je me souviens bien des discussions que j'eus alors avec des colons présents dans l'hôpital pour garder un malade. Ils me prirent à part et m'interrogèrent sur ma conduite jugée criminelle lors de la révolution. J'eus beau la rapprocher des guerres intestines et des menaces extérieures qui nous obligeaient à nous battre comme des lions et à porter nos coups de façon urgente et radicale, ils restèrent dans une position critique à mon égard et à l'égard de Collot qui tremblait de fièvre à coté. Las de cette polémique, je leur dis qu'il fallait faire le procès de la république s'ils voulaient faire le mien.

Le 20 prairial an IV (8 juin 1796), Collot meurt à côté de moi. Resté seul dans un état d'agonie, j'en étais réduit à espérer bientôt aussi dans la mort le terme de mes souffrances. Une fois encore les Sœurs réussirent à me soulager et finalement à me sauver.

C'est à cette époque que Jeannet vint remplacer le gouverneur Cointet et nous ne pouvions rien espérer de cet ami de Danton.

Dès qu'il connut mon infirmité, il demanda à ce que l'on me transféra dans la salle des galériens où à la puanteur et à la moiteur de ces cachots, s'ajoutaient les cliquetis des chaînes et les gémissements de ces pauvres êtres. Les sœurs en étaient toutes remuées et malgré les ordres, arrangèrent quelque peu ma situation en m'isolant des autres. Je leur disais : « Que j'admire vos vertus, mes respectables sœurs ! Et c'est moi, moi, le triste objet d'une exécration générale, que vous comblez à ce point de soins et de bienveillance ! Votre générosité surpasse à mes yeux l'élévation des plus grandes âmes ». C'est grâce à la supérieure que je pus avoir l'aide du citoyen Bosquet quand je retournai à Sinnamary.

Lorsque Jeannet apprit la mort de Collot, il dit : « qu'on l'enterre, il aura plus d'honneur qu'un chien ».

Son enterrement se fit un jour de fête. Les nègres fossoyeurs, pressés d'aller danser, l'inhumèrent à moitié ; son cadavre devint la pâture des cochons et des corbeaux. Pour souligner la haine de ce Jeannet à mon égard, il faut savoir qu'il décida de réduire ma pension, qui n'était déjà pas suffisante pour vivre, et qu'il suspendit toutes distributions d'effets en ma faveur.

Je retournai donc à Sinnamary le 6 frimaire an V (26 novembre 1796). Mon départ de Cayenne fut accompagné par une foule hostile qui me huait et m'insultait.

Mais je marchais tranquillement, la tête haute, un perroquet que j'avais apprivoisé sur mon doigt. Je méprisais ces lâches et portais mon attention sur l'animal que j'avais appelé Jacquot.

BILLAUD VARENNES

Député par le Dép.t de Paris à la Conv.on Nat.le
Condamné à la déportation l'an 4 de la Rép.

COLLOT D'HERBOIS.

Député par le Dép.t de Paris à la Conv.on Nat.le
Condamné à la Déportation l'an 4. de la Rép.

Sinnamary - Église et Mairie (Photo Molleni) - 1883

Sinnamary - église et mairie – 1883

Taboü ou Grand Karbet

Sura ou Case haute

Gravure 1743

Case - 1743

A Sinnamary, je vis alors arriver seize nouveaux déportés et je reconnus la plus part d'entre eux qui avait été mes ennemis. Il y avait là le général Pichegru*, lequel vint m'arrêter chez moi à Paris et présida à notre déportation, Barère, Vadier, Collot et moi. Il y avait là Bourdon de l'Oise*, qui s'est couvert de crimes dans la Vendée, qui s'associa à la vindicte de Lecointre et de ses complices portée contre nous. Il y avait Rovère*, l'un des plus acharné dénonciateur, qui plus est, un prévaricateur et un massacreur, l'ami de Jourdan Coupe-Tête, Rovère, ci-devant marquis de Fontvieille qui changea son habit de montagnard en royaliste. Il y avait Laffon-Ladebat, Barbé-Marbois, l'abbé Brottier, …

J'observai alors leurs petits arrangements dignes d'écoliers immatures, leurs chamailleries, les affinités réciproques qu'ils se construisaient et défaisaient. J'avais sur eux la prérogative du premier venu et l'avantage du proscrit. Et mieux que tout, proscrit par les proscrits eux-mêmes qui me regardaient de loin et m'isolaient.

Dès leurs arrivées ils se mirent en binôme pour occuper les cases. Et Rovère, punition bien méritée, dut supporter les délires, la perfidie et l'agressivité de Bourdon. Ainsi, tel individu ayant manifesté une autorité morale ou une force de caractère dans certaines circonstances peuvent se révéler dans d'autres circonstances le plus pleutre, le plus enfantin, le plus exécrable des hommes. Et comment ne pas s'interroger sur l'incongruité d'une telle situation où, acteurs incontestés de la grande Révolution, nous nous retrouvions hors du temps, dans ce désert lointain, sans se parler, sans non plus aussi se détester. Je bénissais la providence de m'avoir fait rencontrer chez Bosquet l'abbé Brottier, un fervent royaliste, un homme d'une grande culture et d'une non moins grande sensibilité. Nous partagions pendant de longs mois nos réflexions philosophiques avec une multitude de références puisées dans la nombreuse littérature qui l'accompagnait. Je bénéficiais de son esprit et de ses connaissances qui le rendaient très aimable en société.

Je n'ai pas refusé de goûter le mérite littéraire de ce savant dans plus d'un genre, à qui je suis redevable d'avoir répandu sur nos entretiens, au milieu de l'affreuse solitude d'une espèce de désert, la seule diversion amusante qu'il m'était possible de m'y procurer. L'un comme l'autre nous avions fait fi des divergences qui quelques années auparavant nous auraient opposé, une amitié qui amena contre Brottier les critiques mesquines de ses compagnons d'infortune.

Les maladies ravagèrent toute la colonie ; il y en eut beaucoup à Cayenne, dit-on, et il y eut vingt malades à Conanama, sans aucun secours ! Les images de la mort frappèrent nos sens. Le premier qui mourut fut Bourdon. Je ne le plaignis point non qu'il s'acharna de me détruire après thermidor, mais parce que son comportement égoïste et colérique indisposait toute notre société. Il mourut de rage, désespéré de n'avoir pas été convié à partager les projets des autres déportés, en dehors de moi il s'entend, notamment concernant l'évasion que planifiait Pichegru. Le 25 fructidor an VI , Rovère cessa de vivre à trois heures du matin ... Combien il a dû souffrir ! Quatorze des nouveaux déportés étaient déjà morts. Ce malheureux Brottier, après une agonie très longue et très violente, a cessé de vivre à dix heures. Quel spectacle ! Dans les lieux même que la peste ravage, il est impossible que la destruction soit plus rapide et plus douloureuse !

Mon ami, ne tenant plus à la vie que pour les sentiments qu'aucuns revers ne peuvent ni détruire ni atténuer, je m'en nourris, je m'en pénètre plus que jamais. J'en ai besoin pour endurer plus patiemment l'injustice des hommes. C'est que je n'ai tant à souffrir que parce que je suis vertueux. Né pour dévorer tant de revers, la nature m'a pourvu du courage nécessaire pour pouvoir les affronter. Ne suis-je pas un modèle, peu commun, de patience et de force d'âme ? Je vous affirme qu'il m'en a fallu pour ne pas succomber mille et mille fois sous des coups si multipliés, si variés, si atterrants. Mais après avoir été si rudement ballotté par les événements et par les hommes, l'éloignement le plus étendu était désormais ce qu'il me fallait. Vivre en paix, sans troubler celle des personnes qui me sont chères, voilà uniquement à quoi j'aspirai. Ainsi, dans le courant de l'an VI (1798), je suis allé vivre dans une cabane en ruine, isolée à l'extrémité du canton de Makouria, appelée Chevreuil, et appartenant au citoyen Lambert, qui s'était vivement intéressé à mon sort et qui, plus tard, devint mon ami très dévoué. Cette habitation ne se composait que d'une case et de quelques arpents de terre. J'y vécus pendant un an la vie d'un Robinson.

Désert de Konanama dans la Guyane Française.
Cimetière et Inhumation des Déportés

A gauche un groupe de Déportés pleurent La mort de leurs confrères qu'on enterre à moitié. A droite Prevost et Bécard en dansent de joie avec les négresses

C'est grâce à Victor Hugues*, le nouveau gouverneur de Guyane, que le 24 prairial an VIII, je pus prendre à ferme pour cinq ans le domaine de la citoyenne d'Orvilliers. Cette habitation était située dans le canton de la Côte et dans l'île de Cayenne. Elle était abritée par une montagne qui s'étendait jusqu'à la mer. On y arrivait par un étroit sentier, taillé dans le rocher, et qui était commun à toutes les habitations voisines. La végétation, dans ces parages, était d'une richesse splendide.

La principale culture de cette propriété consistait en cotonniers, caféiers, maniocs et cacaoyers. L'habitation se composait d'une maison de maître avec une terrasse en avant, un grenier, une salle, deux chambres et quatre petits cabinets ; une cuisine était attenante à ce corps de bâtiment. Il y avait, en outre, à côté de l'habitation du maître, douze cases, couvertes en paille et servant à loger les ouvriers activateurs ; plus une grande case pour sécher le cacao et pour faire la cassave. J'exploitais essentiellement du café et du cacao.

Indépendamment du fait que la situation de ce domaine est très agréable, mon goût dominant pour la solitude et la campagne, fortifié par les soins que je me donnais depuis six mois, pour mettre ce bien en valeur, me le rendirent d'autant plus précieux que c'est l'asile ou le refuge où j'ai cessé, dans cette contrée, d'exister si fort à la gêne. Quoique mon bail soit de sept années, c'est toujours une jouissance si précaire ! De fait, je ne pus développer mon activité ni valoriser ce domaine par la construction de deux manufactures et je dus à regret quitter Orvilliers pour une autre ferme que j'appelai l'Hermitage en hommage à Jean-Jacques Rousseau.

Malgré l'aide de mon ami Sieger, un jeune commerçant suisse réfugié à Cayenne, qui me fournit aussi des esclaves, ce fut une entreprise pénible mais le travail ne me fait pas peur. Je me suis borné à prendre un terrain nu, beaucoup moins cher qu'une habitation toute formée. Ce terrain, était situé sur le bord de la rivière du Tour-de-l'Isle. Comme j'avais chez moi de superbes pâturages, j'avais aussi acheté comptant dix têtes de bétail : deux taureaux et huit vaches pleines.

Je connus dans ces territoires souvent désolés et malsains de grandes amitiés. Ainsi l'abbé Brottier à Sinnamari, Lambert et le jeune Sieger à

Cayenne, tous trois d'une immense culture et d'un dévouement sans pareil.

Mais surtout, il faut vous dire que mon existence fut grandement embellie par de sublimes femmes et d'abord je pense à la Supérieure de l'hôpital de Cayenne. Que de gratitude ne lui dois-je puisque, sans ses soins généreux et bienfaisants qui m'ont secouru si à propos de ma première maladie qui m'avait déjà conduit à deux pas du tombeau, j'expirais sous la flétrissure de l'opprobre, horriblement déchiré par la douleur et le désespoir. Et puis ma tendre Virginie qui m'accompagne depuis tant d'année, âme sensible et honnête, et qui se consacra entièrement au soulagement de mon sort misérable. Son empressement à partager ma détresse a soutenu mon courage, souvent prêt à m'abandonner. Tombais-je dans l'abattement, son attentive affection me rappelait à moi-même, en me disant : « Comment, Monsieur, c'est vous qui avez affronté tant de dangers, et qui paraissez succomber sous les atteintes de ces vermines ! »

Pendant qu'une langueur mortifère m'a rendu incapable de pourvoir à mes besoins, son infatigable activité a suppléé mon insuffisance, et maintenant puisqu'elle s'était chargée des soins du ménage, son expérience agricole et son exacte surveillance n'en allégèrent pas moins encore mes travaux agraires. Pour tout dire, depuis près de quinze ans, cet excellent sujet ne cessa pas de me prodiguer, avec autant d'assiduité que de fidélité, tous les services qu'on peut attendre du plus vif, comme du plus sincère attachement.

Enfin, je renouai avec dame Nature l'essence même de l'harmonie et de l'abondance nourricière.

Nature

Il faut dire que la position où j'étais depuis Orvilliers et surtout l'Hermitage, était aussi agréable qu'avantageuse. Le paysage est fort joli, et la vie très aisée, à cause de l'abondance du gibier et du poisson. La distance de Cayenne n'est que de 3 lieues, avec un chemin par terre et par eau. Pour tout dire, j'étais aussi bien qu'on peut l'être dans un pareil pays. J'y restai d'ailleurs plus de dix ans avant de partir en Amérique et venir ici à Haïti.

Qui m'eût dit qu'un jour cette plume, qu'on m'avait exclusivement appris à manier, serait remplacée par une bêche, une toise, un ciseau, ou tout autre outil, selon l'utilité de leur emploi ! Qui pouvait me prédire que ces livres, qu'on m'avait seuls présentés à lire et à méditer, seraient presque totalement troqués, par une suite de mes revers, contre le grand livre de la nature, à la vérité bien autrement sublime que les chefs-d'œuvre du génie, qui n'en sont guère que de faibles copies ? Où est celui qui eût jamais deviné que trop inepte dans une science, que l'existence de mille savants pourrait à peine ébaucher, et né, avec une âme trop élevée, pour devoir les ressources de ma subsistance à tout autre moyen qu'à mes propres labeurs, je serais traîné par la violence dans une contrée où je n'apercevrais plus d'autres occupations dignes de mes sentiments que la tâche imposée à l'homme par la nature elle même, qui lui a prescrit, avant tout, d'arroser la terre des sueurs de son front, afin de féconder sa fertilité ? Quel augure eût su assez profondément pénétrer dans l'avenir, pour m'annoncer, que mettant mon plaisir autant que mon devoir à me livrer à un genre d'étude pour lequel j'étais si neuf, les documents élémentaires de l'agriculture coloniale, absolument différente de celle d'Europe, me seraient administrés par une originaire d'Afrique ? car la vertueuse créole, dont la conduite à mon égard ne se dément en rien, démontre l'absurdité de l'opinion d'une quelconque infériorité, évidemment marquée au coin de l'ignorance, qui n'égare que mieux une imagination vaste et brillante, dans le cercle étroit et ténébreux du défaut d'instruction.

Qu'ils étaient ignorants eux-mêmes, ceux qui, en me reléguant dans cette région, l'ont crue un séjour affreux, uniquement couvert de marais pestilentiels et habité par des tigres et des serpents ! Quoi de plus majestueux, au contraire, que le spectacle étonnant que la nature, aussi prodigue que magnifique, étale en ces lieux ! L'ordre du ciel et des saisons, les hommes, les animaux, les plantes, rien ici ne ressemble à ce que l'on voit en Europe.

Cette marche du soleil, alternativement six mois à droite, six mois à gauche, cette chaleur perpétuelle et tempérée néanmoins tous les jours par des vents alizés, dont les rayons ardents du flambeau qui nous éclaire n'altèrent point la fraîcheur ; ces hommes de tant de couleurs, dans la gradation du blanc de lait à une teinte cuivrée et de cette nuance rougeâtre au noir d'ébène ; ces animaux de tant d'espèces diverses et de formes dissemblables; cette végétation continuelle et dont la vigueur égale la rapidité.

De là ces forêts sourcilleuses, aussi vieilles que le monde et dont les arbres éternellement parés d'un feuillage à la fois pompeux et varié d'une grosseur colossale et d'une hauteur qui se perd dans les nues; tandis que le bois précieux de la plupart est d'une dureté qui résiste au fer, embellie comme avec le pinceau, par les plus vives couleurs et susceptible d'un poli qui le dispute au marbre; ces prairies sans cesse verdoyantes, dont l'immense étendue est agréablement entrecoupée par des étangs et des ruisseaux et parsemée de montagnes et de bois touffus qui laissent dans leurs interstices des échappées à perte de vue, ces belles rivières qu'on rencontre presque à chaque pas, souvent hérissées de cataractes, et qui semblent de six heures en six heures remonter à leur source, le flux et le reflux y prolongeant son action jusqu'à trente et quarante lieues ; cette mer dont le rivage en Europe est si nu, si sec, si aride, et qu'ici de superbes mangliers de haute futaie, dont les racines partant jusque de la cime, poussent des jets de la structure la plus singulière, en tapissant les bords d'un rideau enluminé d'un vert étincelant et qu'on dirait taillé au ciseau ! Quel ensemble d'objets curieux et intéressants pour l'œil exercé de l'observateur ! Quel fond inépuisable de méditations neuves pour le philosophe ! Quel tableau merveilleux pour quiconque a seulement assez d'âme et de tact pour en devenir le juste appréciateur ! C'est sur une terre où tout ce qu'elle produit, jusqu'au plus petit insecte, est un sujet d'admiration pour l'homme éclairé et de lucre pour l'industrie, et qu'on considère pourtant comme de nulle valeur, que j'ai découvert un poste salutaire, malgré que la malveillance m'y eût envoyé pour achever de me briser contre de nouveaux écueils, dans la ferme croyance que ce territoire en était jonché.

C'est dans un de ces sites les plus riants et qui n'était que plus propre à former un Hermitage très joli, qu'ayant acquis un terrain vierge, j'ai entrepris d'y construire, selon mes idées et mon goût, un diminutif d'Ermenonville.

On conçoit que ce domaine défriché, tracé, planté, exploité et bâti par son possesseur, qui n'est rien moins qu'un Briarée, n'a ni lacs, ni îles, ni rivières, ni torrents, ni précipices, ni grottes, ni ruines factices, et encore moins un château, des statues, des vases d'airain, des tapis de pelouse anglaise, des corbeilles de fleurs renouvelées chaque jour. Mais quoiqu'il m'ait coûté sans doute infiniment moins de dépenses que l'asile qui recueillit Jean-Jacques, pendant les dernières années de sa vie et qui fut son premier tombeau, honneur qui le met à jamais, pour les cœurs sensibles, au rang de la campagne de Naples, également illustrée par les cendres de Virgile ; quel que soit le disparate, peut-être suis-je parvenu, à force de peines et de fatigues, à rendre le séjour que j'occupe d'un aspect plus piquant par la beauté, l'élégance et le prix des plantations qui en composent l'asiatique ornement dans une distribution qui, combinée avec les inégalités du local, fournit des points d'optique et les diversifie. Voudrait-on regarder en Europe un tilleul, un orme, un peuplier, un chêne, si les regards pouvaient s'y repaître d'un giroflier, d'un cannelier, d'un palmiste ?

La nature, par sa beauté et sa perfection, ne peux qu'incliner l'homme à la religion et à la philosophie. Mon ami Victor Hugues, un Franc-Maçon, aimait à évoquer le Grand Architecte de l'Univers pour expliquer cet agencement si parfait, si harmonieux, si mathématique, si juste.

Mais s'il est du devoir de l'homme de rendre des hommages à la divinité, l'absurdité est évidente lorsqu'on prétend que Dieu puisse exiger de sa créature que, sans cesse, celle-ci soit prosternée aux pieds de ses autels.

Oui, tout est bien dans la nature quand la chaîne de ses combinaisons est exactement suivie. C'est d'elle que nous trouvons le minerai qui forge notre âme, l'air qui élève notre esprit, le feu qui excite notre ardeur révolutionnaire, l'eau qui apaise les tensions et nous rassemble dans son creuset. Voilà les droits naturels de l'homme que les législateurs doivent mettre en pratique afin que de ces droits découlent liberté, égalité et fraternité.

L'idée de l'Être Suprême et de l'immortalité de l'âme à laquelle la nature nous convie, est un rappel constant à la justice : elle est donc sociale et républicaine. Il y a une profession de foi dont il appartient au pouvoir souverain de fixer les articles, non pas précisément comme dogme de religion, mais comme sentiments de sociabilité sans lesquels il est impossible d'être bon citoyen, ni sujet fidèle. Car c'est la philosophie qui, dans le silence, prépare les révolutions politiques, comme c'est l'oppression qui les motive, le désespoir qui les réalise, l'énergie qui les faits, le contrat social qui les spécifie, la législation qui les fixe, le peuple qui les soutient et qui les consacre, le succès qui les légitime, et leur entreprise manquée qui les rend criminelles et mortelles car ceux qui font des révolutions à moitié n'ont fait que se creuser un tombeau.

Je ne puis suivre l'idée de Jean-Jacques qui est que l'état de sociabilité n'est qu'une convention fortuite et nullement dans la nature. Les animaux ne sont-ils pas sociables ? A plus forte raison, l'homme n'est-il pas né pour l'isolement: Diogène, relégué dans son tonneau, se tient pourtant au coin d'une rue.

Le droit naturel nous dicte les clauses du contrat social. Elles se réduisent toutes en une seule, l'aliénation totale de chaque individu, avec tous ses droits, à la communauté ; chacun se donnant tout entier, tel qu'il se trouve actuellement, lui et toutes ses forces, dont les biens qu'il possède font partie. Il n'y a ni exception, ni réserve.

rivière Sinnamary

Vertu

Pour le philosophe et le législateur que nous avons été, agir selon ses principes c'est la plus grande des vertus. C'est ainsi que mes inclinaisons au bien commun, nourries par les pensées fécondantes des grands hommes des Lumières, Montesquieu, Rousseau, Mably, Pufendorf, Burlamaqui, et tant d'autres, me portèrent à l'engagement politique dès le début de la révolution et me préparèrent à devenir accessible à l'impulsion volcanique qui s'annonçait.

Il fallut prendre l'essor qui m'éleva bientôt jusqu'à l'enthousiasme du dévouement, en songeant que jamais plus belle cause à défendre ne pouvait se présenter, celle des droits de l'humanité, envahis et foulés aux pieds de l'orgueilleuse oppression, qui n'avait d'autres titres que les préjugés, les abus et la force. Alors, placé en première ligne par la confiance publique, je ne dus plus entendre que la voix gémissante de la Patrie, à deux doigts de sa ruine, au moment désespéré où je fus un des neuf Représentants du Peuple chargés par le Corps législatif de prendre les rênes en lambeaux de l'État expirant, et le ciel m'est témoin si j'y fus sourd une seule minute. Non certes, et trop jaloux de paraître digne du poste qu'on m'avait assigné au conseil, aux armées, aux séances de la Convention, j'ose croire m'être montré comme un homme qui n'aspirait, si ses efforts devaient lui coûter la vie, qu'à mourir au lit d'honneur. On me vit donc toujours dans les actions les plus chaudes, combattant avec intrépidité ; au repos, et concentré jour et nuit dans les immenses opérations du comité de Salut public, durant les intervalles de calme, due à l'extinction de l'anarchie par l'attitude imposante qu'avait prise ce Gouvernement, ainsi qu'au retour de la prospérité ramenée par l'assiduité infatigable de la majorité de ses membres.

Pour expliquer les tensions terribles qui ébranlaient la stabilité de notre entreprise, je soulignerai que dans tout État civilisé il existe deux classes d'hommes: les citoyens et les individus. Les citoyens sont ceux qui, pénétrés des devoirs sociaux rapportent tout à l'intérêt public et qui mettent leur bonheur et leur gloire à cimenter la prospérité de leur pays ... Les individus, au contraire, sont ceux qui s'isolent, ou plutôt qui savent moins travailler au bien public que calculer leur profit particulier ;

en un mot, ce sont des êtres qui cherchent à rompre l'équilibre de l'égalité, pour accroître leur bien-être personnel en usurpant celui des autres. L'État finit donc par être peuplé d'individus dès qu'une fois il exista un ordre de choses qui sépare l'intérêt du gouvernement de celui de la nation.

C'est ainsi que le contrat social a été rompu et que nous avons vécu cette violence qu'on nous a reproché sous le terme de Terreur.

C'est ainsi que nous dûmes établir une dictature. Car si la société butte à cet échange réciproque qu'impose le contrat, si le bien commun, le bien public, le bien qui se partage, est ignoré, il faut alors s'opposer pour exister, il faut marquer des jalons pour ne pas disparaître. Et la nécessaire dictature de l'intelligence et de l'utilité commune, plutôt que la liberté de l'obscurantisme et du profit individuel ou mercantile, n'a pu se réaliser que par la force de la loi.

Je dirai que rien n'est plus capable d'agrandir l'âme et l'esprit que les explosions politiques. Malheur à l'âme faible, ou à l'esprit inepte qui s'effraye de ces accidents inséparables des grandes crises parce qu'il ne connaît ni le cours ordinaire des choses ni les maux par lesquels il faut passer, pour arriver au bien. Pour moi, il est apparu rapidement que la contrainte est le moment indispensable du politique.

Et que c'est dans l'amour de sa patrie, dans l'amour de la République qu'il puise sa plus grande force, une vertu républicaine, stoïque et inflexible, et qui surpasse sans la remplacer cette autre vertu, celle-ci naturelle, innée, et qui porte l'homme à la compassion pour ses semblables. Mais lorsque l'ami a trahi, il ne peut être question de compassion mais d'inflexibilité lorsqu'il menace de l'intérieur l'intégrité de la République.

Qu'on ne dise donc pas que la vertu n'est aimable, qu'autant qu'elle concourt à nos intérêts présents, puisqu'il n'est que trop vrai qu'elle est souvent dans ce monde opposée à notre bien, et que tandis que le vice adroit fleurit et prospère, la simple vertu succombe et gémit ; et cependant en devient-elle alors moins aimable ? Ne semble-il pas au contraire, que c'est dans les revers et les hasards qu'elle est plus belle, plus intéressante ? Loin de rien perdre alors de sa gloire, jamais elle ne brille d'un plus pur éclat que dans la tempête et sous le nuage.

En République nous avons gravé dans le marbre des frontons notre devise, Liberté, Égalité, Fraternité. Ces mots sublimes ne peuvent avoir pour ministres que la vertu unie au talent.

Aujourd'hui, après thermidor, la vertu a déserté les tribunes et on ne parle plus que de justice et de clémence.

Mais la justice dont je comprends le souhait peut-elle être mise en balance avec l'aspiration de tout un peuple à se régénérer, à s'émanciper ?

La justice peut-elle fonder une nation ? Non, c'est l'utilité commune qui est la mesure de la souveraineté nationale.

Voilà comment ils ont clos la révolution. L'équité devient le nouveau mot de l'égalité, l'intérêt public est confronté à l'intérêt particulier, le lit du capitalisme est préparé. La misère est rétablie.

L'INDIVISIBILITÉ

Liberté – Égalité - Fraternité

La liberté

Jean-Jacques a écrit dans son Contrat social : « Ce que l'homme perd par le contrat social, c'est sa liberté naturelle et un droit illimité à tout ce qui le tente et qu'il peut atteindre ; ce qu'il gagne, c'est la liberté civile et la propriété de tout ce qu'il possède. Pour ne pas se tromper dans ces compensations, il faut bien distinguer la liberté naturelle qui n'a pour bornes que les forces de l'individu, de la liberté civile qui est limitée par la volonté générale, et la possession qui n'est que l'effet de la force ou le droit du premier occupant, de la propriété qui ne peut être fondée que sur un titre positif. On pourrait sur ce qui précède ajouter à l'acquis de l'état civil la liberté morale, qui seule rend l'homme vraiment maître de lui ; car l'impulsion du seul appétit est esclavage, et l'obéissance à la loi qu'on s'est prescrite est liberté ».

Ceux qui usent de la liberté comme un droit absolu afin d'exercer leurs jouissances personnelles sont des anarchistes, des contre-révolutionnaires. La liberté sur notre devise, la liberté et l'égalité, la liberté ou la mort, c'est le droit à se libérer de l'oppression, le droit à l'émancipation de l'être humain, à son autonomie et comme disait Saint-Just* à propos des malheureux, le droit de parler en maître aux gouvernements qui les négligent. Car l'oppression régnera partout où le peuple ne sera pas assez éclairé. C'est bien vrai que les tyrans ne se permettent d'opprimer les peuples que parce que ceux-ci les autorisent à les mépriser.

Voyez comme ils crient le mot liberté, ces ignares, ces fripons, ces muscadins, ils le crient pour eux mêmes, ils réclament le droit d'en jouir sans devoir.

Dans mon discours du 28 brumaire (18 nov 1793), je dénonçai les principaux écueils de la liberté. L'ambition des chefs et l'ascendant qu'ils obtiennent facilement par leur suprématie, ascendant qui conduit tôt ou tard le peuple de la reconnaissance à l'idolâtrie, et de l'idolâtrie à une obéissance aveugle.

Vous n'avez qu'à jeter les yeux sur l'Asie, qui est le principal siège du pouvoir absolu, et vous y verrez le peuple avoir moins à gémir, pour ainsi dire, des rigueurs de l'arbitraire que des horreurs de l'anarchie qu'exerce à l'envi dans cette contrée cette multitude de tyrans en sous-ordre, cruels instruments d'une autorité violente dont souvent ils sont eux-mêmes les premières victimes.

Nous avons mis dans la Déclaration des Droits de l'Homme et des Citoyens, que la liberté consiste à pouvoir faire tout ce qui ne nuit pas à autrui : ainsi, l'exercice des droits naturels de chaque homme n'a de bornes que celles qui assurent aux autres membres de la société la jouissance de ces mêmes droits. Ces bornes ne peuvent être déterminées que par la loi.

Oui, la liberté doit nous être garantie par la Loi. Un peuple libre et souverain est celui dont le gouvernement soumet indistinctement tous les membres de l'état, au joug glorieux et salutaire des lois ; de sorte que sans prêter une servile obéissance à aucun maître, chaque citoyen est astreint par la seule force publique à remplir exactement ses devoirs. L'utilité commune est la mesure de la souveraineté nationale ; ainsi que la justice devient la fixation de la liberté civile. Toute constitution politique n'est elle-même que la stipulation de ces deux principes.

L'égalité

Par le décret du 1er Floréal, je traçai la perspective d'une société plus égalitaire mettant en valeur grâce à l'instruction les talents divers que la nature a distribués différemment parmi les hommes, ce qui les rend solidaires les uns des autres par un pacte de société, fondement du bon lien social. Je pensai que non seulement le système politique doit assurer à chacun la paisible jouissance de ses possessions, mais qu'il doit être combiné de manière à établir, autant que possible, une répartition des biens, sinon absolument égale, au moins proportionnelle entre tous les citoyens.

Nous étions dans le comité, avec Collot d'Herbois et Saint-Just, les plus favorables au partage des biens que nous considérions comme le véritable but de la révolution.

Ainsi le plan que je proposai en 1793 était ambitieux et se basait sur une redistribution des fortunes par une forte taxation des successions. Mably l'avait compris ; on ne peut rien faire sur le commerce et la propriété et pourtant doit on la paix sociale avec la propriété et l'inégalité ? Ou choisir l'égalité et la liberté en menant la guerre civile.

Il faut combattre l'autorité et la fortune, les deux principaux véhicules de la séduction. C'est donc là qu'il faut porter la perfectibilité de l'organisation sociale. Il faut que la richesse comme le pouvoir, tendent constamment à la répartition la plus égale. La considération est le prix du mérite ; et la fortune le prix du travail. Nul citoyen, à son entrée dans la vie, ne peut les avoir acquis, ni avoir perdu la faculté de les acquérir.

Au centre de l'empire, le capitalisme provoquera les désordres de l'administration, pour en profiter il alimentera le fisc d'une main, avec les mêmes deniers qu'il sait lui arracher de l'autre. Plus la pénurie s'accroîtra, plus ses secours deviendront chers. Le riche fut et sera toujours le fléau des sociétés policées. Jamais la vertu ne devint la règle de sa conduite. Parfois l'ostentation ou des vues corruptrices ont déterminé le riche à laisser tomber quelques largesses de ses mains, mais jamais l'humanité souffrante ne sut lui arracher un bienfait, ... Le fourbe ! ... il est autant ami des prêtres qu'ennemi de la divinité. Cette idée fait son supplice. Il voudrait bien pouvoir se dissimuler l'existence d'un être suprême.

Cette égalité est souvent trop peu appréciée, parce qu'elle est encore mal définie. C'est pourtant de celle-ci qu'émanent toutes les vertus du citoyen ; et qui devient le premier mobile de l'ordre public. C'est elle qui réalise exclusivement la prospérité générale ; car elle est le sceau de la souveraineté du peuple, l'égide de sa liberté, l'essence de la justice, le frein d'un sot orgueil, l'aiguillon du talent, l'espoir du malheur, le balancier de la fortune, le principe conservateur de cette sensibilité compatissante, et le nœud irréfragable de la fraternité sociale.

La fraternité

Voltaire, ce grand penseur, a cependant osé dire: « Le manœuvre et l'ouvrier doivent être réduits au nécessaire pour travailler ; telle est la nature de l'homme ; il faut que ce grand nombre d'individus soit pauvre, mais il ne faut pas qu'il soit misérable. »

De la pauvreté sans misère ! Des malheureux sans malheur ! Quelle incohérence ! Quelle absurdité ! ... Comment oser prétendre qu'une misère factice soit dans la nature de l'homme quand il se trouve placé au centre de tant de riches productions ! Il a bien assez des maux qui tiennent immédiatement à son essence, sans qu'une politique machiavélique s'étudie encore à grossir le poids de ses calamités par des encouragements donnés à ses oppresseurs !

Quoi ! l'indigence doit être le partage de la multitude ! Certes ce langage est facile à tenir quand on est soi-même du petit nombre de ceux qui nagent dans l'opulence !

Et cependant ce philosophe épicurien, Voltaire lui-même, a-t-il eu besoin de sentir les atteintes de la nécessité pour créer quatre-vingt onze volumes, lui qui jouissait d'une fortune considérable et qui néanmoins a été l'un des êtres les plus laborieux de ce siècle jusqu'à l'âge de plus de quatre-vingts ans !

Il faut n'avoir jamais réfléchi sur les effets désastreux de la pauvreté pour s'être permis de la présumer nécessaire.

Nous avons promis d'honorer le malheur, il serait bien plus beau de le faire disparaître.

C'est la misère, c'est l'excès du besoin qui dégradent l'homme par l'abandon où il se trouve, par les dédains. Et c'est la fraternité qui constitue l'union et nullement les calculs sordides de l'égoïsme et de l'ambition qui l'accablent, par l'état d'avilissement où il se voit plongé.

La société devrait être un échange journalier de secours réciproques.

C'est pourquoi je partageai les vues de Dufourny* et ses cahiers du Quatrième Ordre, l'Ordre sacré des infortunés. Les Sociétés ont été formées par la réunion des faibles contre les puissants, et pas seulement pour la conservation des propriétés ; c'était bien plus pour suppléer à la propriété de ceux qui n'en avaient pas ; que c'était enfin pour constituer la plus grande force, la plus grande félicité commune, sur la conservation de l'énergie, sur le bonheur de tout individu.

Mais l'égoïsme qui ne montrant à chacun que sa ville ou soi même, engage les uns à tout arrêter, et les autres à vouloir obtenir au-delà du besoin ; ce qui dérange sans cesse les répartitions combinées par le gouvernement ; égoïsme qui fournit un moyen de plus à la malveillance en réussissant encore à nous fédéraliser, par départements, par districts, par communes, par familles, par individus.

Je suis fier de dire que la Constitution que nous avons adoptée le 25 juin 1793 est un chef-d'œuvre de la philanthropie notamment parce qu'elle esquisse le droit au travail ou aux secours pour ceux que l'âge, la maladie empêchent de travailler. Aussi, nous avons rajouter à la Déclaration de l'Homme et du Citoyen de 1793 cet article : Quand le gouvernement viole les droits du peuple, l'insurrection est pour le peuple, le plus sacré des droits et le plus indispensable des devoirs.

Mais soulignons le droit à l'éducation, à la culture, à l'émancipation. Des institutions avantageuses sont formées; la Convention fixe ses regards sur l'instruction de la jeunesse, perdue de vue depuis la révolution ; et l'essai d'une éducation républicaine est proposé par le comité de Salut public, et approuvé par l'assemblée, qui appelle, pour y participer, plus de trois mille cinq cents jeunes gens de tous les points de la France.

Plusieurs autres projets de lois nécessaires sont présentés à la Convention qui les a accueillis.

Tel est le décret pour régler et faire payer aux familles des défenseurs de la patrie, les secours qui leur sont dus ; et celui pour éteindre la mendicité.

La bienveillance s'associe souvent à la compassion. Je dirais aussi qu'il n'y a point de faiblesse à s'attendrir ; mais à se laisser entraîner dans l'oubli de ses devoirs par une inspiration quelconque. C'est ce mouvement intime de compassion qui rend l'homme généreux, bienveillant, secourable. Entouré de besoins et assailli de maux, la vie lui serait insupportable sans les soins et les consolations qu'il reçoit de ses parents et de ses amis. La pitié aurait pour toujours exclu le malheur de l'univers, si l'égoïsme enfanté par les passions et les vices n'eut lui-même banni la sensibilité.

ÉGALITÉ.

Le maintien de l'existence

La richesse est redoutable parce qu'elle s'acquiert au détriment des autres de même que la misère est affreuse parce qu'elle plonge celui qui en est victime dans une déchéance qui menace sa vie même. La mendicité devient une suite immédiate de l'accumulation des fortunes, puisque ceux qui les possèdent n'ont qu'à fermer la main pour réduire sans ressources quiconque n'a que son génie et ses bras. Et certes, quand on dit à un mendiant : Allez travailler, s'il répond : Procurez-moi du travail, quel reproche amer pour nos institutions sociales ! et dans quel embarras doit-il jeter toute âme sensible ! Mirabeau, dont l'astucieuse scélératesse surpasse encore la supériorité des talents, Mirabeau s'est pourtant trompé en avouant par un axiome démagogique, qu'il fallait être ou propriétaire, ou mercenaire ou voleur, car il reste une quatrième manière d'exister, qui est celle de mendier son pain : condition si rapprochée du mercenaire qu'elle devient trop souvent son unique patrimoine. Qu'un ouvrier soit sans travail, qu'un artisan tombe malade, qu'un laquais soit congédié et voilà autant d'individus qui vont bientôt mourir de faim, s'ils ne se trouvent promptement en état de se procurer de l'emploi. C'est pourquoi, lorsque dans les campagnes on ne s'aperçoit pas du manque d'hôpitaux, ils sont devenus indispensables dans ce qu'on appelle des cités florissantes. Il résulte de cette vérité que les ressources sont cent fois plus circonscrites où réside l'opulence que dans les endroits où siège la médiocrité. Or le premier besoin, le plus puissant de ceux qui dérivent de la nature, n'est-il pas le maintien de l'existence ?

Le despotisme a fait son lit sur la corruption progressive des sentiments et des mœurs conduisant ainsi à un esclavage volontaire, premier degré de la servitude réelle.

C'est le travail qui constitue la propriété mais cette pensée n'est juste qu'autant que la possession, elle même est réellement le fruit du travail. Le travail, avant d'être une nécessité économique, est une obligation morale et même un instrument de régénération. Laquelle est contrariée par la cupidité des riches :

Tout gouvernement sage doit proscrire le luxe, tant qu'on verra dans chaque grande ville dix, vingt, trente mille ouvriers occupés à faire des ajustements, des coiffures, des pompons, des fleurs, des plumes, des broderies, des dentelles, des bagues, des breloques, ... assurément ces individus formeront un obstacle invincible à la réforme des mœurs et au retour de l'esprit public.

Un plan radical complétant les mesures touchant le régime successoral, doit être mis en œuvre pour faire circuler les richesses et en assurer à chacun une portion convenable.

Concernant la propriété foncière, ce serait précipiter l'écroulement en demandant, pour prévenir le malheur, que les terres fussent également partagées entre les citoyens.

Les lois agraires dans leur véritable acception pouvaient être accueillies par une nation qui, plongée dans la misère, verrait avec enthousiasme ce qui paraîtrait lui promettre un meilleur sort. Mais dans l'ordre public, politique, c'est une belle chimère, et celui qui les propose ne peut être qu'un fourbe qui cherche à accaparer la faveur du peuple, ou un ignorant qui n'a jamais approfondi les effets de la civilisation.

Différentes opérations sont préférables pour atteindre un résultat. La première est de déclarer que nul citoyen ne peut posséder désormais, dans un cercle déterminé par la Constitution, plus d'une quantité fixée d'arpents de terre.

Après avoir attaqué le monopole des propriétés dans la partie des ventes et des acquêts, cette réforme resterait imparfaite si elle n'était pas suivie dans toutes ses ramifications. Il faut, en premier lieu, supprimer les abus de la liberté testamentaire, qui permet de favoriser un des héritiers et de maintenir ainsi la concentration des fortunes, que le vœu de la nature aussi bien que l'intérêt de la société tendent, au contraire, à diviser.

Qu'on appelle au partage égal tous les héritiers directs et, s'ils sont morts, tous les descendants de ces héritiers substitués au droit initial, et les héritages iront se disséminant. Mais quoi ! on aura réalisé ainsi un peu plus d'égalité entre les membres des familles possédantes ; qu'importe à ceux qui n'ont pas de propriété ? Mais ceux-là, je les appelle à recueillir une part des successions qui s'ouvrent chaque année, par une combinaison originale et profonde. Je suppose, quel que soit le nombre des enfants qui doivent hériter, que ce nombre est de cinq. Si le père ne laisse que trois enfants, le partage se fera comme s'il en avait cinq. Les trois enfants recevront les trois cinquièmes de la succession ; mais le reste sera censé appartenir à deux enfants de familles pauvres. Ainsi les familles pauvres auront une part de succession dans tous les héritages, quand le nombre des héritiers naturels ne sera pas de cinq et au-dessus. Bien mieux, la part maxima de chacun des héritiers naturels sera fixée à vingt mille francs ou, dans certains cas, à vingt-cinq mille, quelle que soit la fortune du père. Et tout le reste appartiendra à la nation qui en constituera le fonds d'héritage des pauvres.

Le nombre de cinq attribué à chaque famille n'a donc de rapport qu'à la distribution des héritages, et les pères ne connaîtront même pas les individus étrangers qui auront quelque part à leur succession. Voici l'aperçu de cette opération qui, n'ayant pour but que d'atténuer les grandes fortunes, ne doit porter que sur elles. Qu'on fixe d'abord un maximum pour les enfants des riches, que chaque lot dans l'héritage le plus considérable ne pourra dépasser. Et comme l'accroissement de la population doit coïncider avec le soulagement des pauvres, qu'on accorde une quote-part plus juste aux membres d'une famille excédant le nombre de cinq.

Par exemple, pour ceux-ci et au-dessous, le taux peut être de vingt mille livres. Ainsi, un père possesseur de cent mille francs n'a que trois enfants : hé bien ! il reste à sa mort quarante mille livres à partager entre des enfants tirés de la classe des indigents. S'il en a quatre, ce n'est plus que vingt mille francs. Mais lorsque avec une fortune plus étendue sa famille surpassera la quantité d'individus déterminée par la loi, dans ce cas le maximum sera de vingt-cinq mille livres, et le surplus restant après chaque portion des enfants prélevée, rentrera dans la masse de la succession nationale. Enfin, à l'égard du citoyen qui mourra sans avoir d'enfants, tous ses biens seront dévolus aux héritiers de la patrie. De cette manière, loin d'enchaîner l'émulation et l'activité, elles se trouvent aiguisées.

Institutions et régénération du peuple

On eut vu que les racines du mal étaient les vices de nos institutions morales, civiles et politiques et non pas des germes fécondés par la nature. Faire un républicain d'un esclave, c'est créer un homme nouveau, c'est le constituer tout autre que lui-même. Alors, comment recréer le peuple qu'on veut rendre à la liberté ? qu'on veut rendre à la prospérité ?

Il faut que la révolution devienne à la fois morale et matérielle; il ne suffit pas d'établir un autre ordre de choses ; en politique, on doit particulièrement s'étudier à régénérer les mœurs pour rendre à tout citoyen le sentiment de sa dignité, pour le maintenir dans cet état de vigueur où l'effervescence révolutionnaire l'a porté, et dont il descendrait immanquablement, si, la crise passée, il n'était soutenu par une connaissance positive de ses droits, par l'amour brûlant de ses devoirs, par l'adjuration formelle de ses préjugés, par le mépris raisonné de ses erreurs, par la haine du vice et l'horreur des forfaits.

Cependant, il ne suffirait point d'avoir mis la justice et la vertu à l'ordre du jour, si l'on ne s'empressait d'en accélérer les développements par l'instruction publique ; non suivant l'idée qu'on attache communément à cette expression, mais telle qu'elle doit être chez un peuple qui se régénère. Danton avait raison quand il a dit: « Rappelons nous que si c'est avec la pique que l'on renverse, c'est avec le compas de la raison et du génie qu'on peut élever et consolider l'édifice de la société ».

L'instruction est le besoin de tous. La société doit favoriser de tout son pouvoir les progrès de la raison publique et mettre l'instruction à la portée de tous les citoyens.

Il ne s'agit pas, sans doute, de former une nation d'érudits ou de philosophes ; mais il est nécessaire que chaque citoyen soit assez instruit pour connaître ses droits et ses devoirs ; il faut qu'il soit assez éclairé pour ne plus devenir le jouet de l'imposture et de l'hypocrisie, du machiavélisme et de la superstition ; pour savoir rejeter les préjugés qui dégradent son caractère et discerner les erreurs qui le conduisent à sa ruine.

C'est compromettre la liberté en négligeant de créer un caractère national qui identifie de plus en plus le peuple à sa constitution. Si la tyrannie a besoin d'abrutir l'espèce humaine pour la mieux comprimer, la République exige que chacun connaisse ses droits et ses devoirs, pour que, jaloux de conserver les premiers, il devienne plus scrupuleux à remplir ses obligations.

Et s'il faut instruire la nation de ses droits et lui apprendre en quoi consiste réellement la prospérité publique, ce n'est que dans une assemblée délibérante et publique où toutes les vérités sont mises au grand jour que les préjugés disparaissent, que les passions perdent leur acrimonie, que la vérité se fait entendre, que l'amour du bien triomphe.

Il convient alors par l'établissement d'institutions morales et civiles de relier les citoyens aux législateurs. J'en ai explicité les règles dans mon rapport du 28 brumaire.

On créa donc deux centres principaux : le corps législatif et le pouvoir exécutif.

Mais on n'oublia pas d'établir ce dernier, l'unique mobile de l'action et de neutraliser l'autre en lui ôtant toute direction, toute surveillance, même immédiate sur l'ensemble ; comme si celui qui a concouru le plus directement à la formation de la loi, étant plus intéressé que qui que ce soit au succès de son ouvrage, ne devait pas déployer naturellement et exclusivement l'ardeur et l'activité la plus soutenue pour en assurer l'exécution !

Le problème, c'est qu'on acheva d'enlever aux législatures toute puissance de contre-poids et tout moyen d'arrêt, en les plaçant à une distance incommensurable du peuple, par cette multitude d'obstacles qu'oppose à chaque pas la filière hiérarchique des autorités intermédiaires. Cet inconvénient ferait le premier vice à extirper pour rendre au corps législatif toute la force.

Je le répète : la régénération d'un peuple doit commencer par les hommes les plus en évidence ; non pas seulement parce qu'ils doivent l'exemple, mais parce qu'avec des passions plus électrifiées, ils forment toujours la classe la moins pure, surtout dans le passage d'un long état de servitude au règne de la liberté.

Dans les républiques, ce n'est jamais du milieu des citoyens que sortent les conspirateurs. Catilina était sénateur ; César, gouverneur et général ; Cromwell, membre du parlement ; Robespierre, représentant du peuple.

Le législateur qui ne place pas la sauvegarde de la liberté dans un châtiment plus sûr et plus rigoureux pour les écarts des fonctionnaires publics, quelque soit leur suprématie, semble déjà calculer les fautes qu'il peut commettre et dès ce premier acte de faiblesse, il a lui-même trahi sa patrie.

C'est travailler pour la gloire et la sûreté du fonctionnaire public lui-même, que de le mettre en garde contre ses propres faiblesses, que de lui ôter tout moyen de se livrer à l'intrigue et à l'essor de l'ambition.

Le pouvoir, comme les corps solides, acquiert de la pesanteur par la proximité. Mais en retranchant de leur essence tout ce qui appartient à l'action du gouvernement, ce sera anéantir leur influence politique, évidemment destructive de l'unité dans les opérations, de l'indivisibilité du territoire et de la liberté fondée sur ces deux bases. Ce serait un beau et imposant spectacle, que de voir le fonctionnaire public rentrant dans la foule des citoyens, comparaître devant l'assemblée du peuple et lui rendre compte de sa gestion.

Chargé au comité du Salut public de la correspondance, il m'incombait la haute surveillance de l'administration civile. Notamment avec les Représentants en Mission qui étaient les fers de lance du dispositif Jacobin et qui, forgés au milieu des orages, devaient avoir l'activité de la foudre. J'en fus, en Charente, dans le Nord, en Normandie. Mais certains enivrés de ce pouvoir exceptionnel ont trahi leurs missions par des exactions inacceptables ou des mesures exagérées. D'autres, fatigués par les circonstances et les besoins du moment n'ont vu que l'intention du peuple dans l'adoption de ces mesures ; ils n'ont pas senti que la vraie force d'un représentant du peuple est dans son caractère, et surtout dans l'opinion publique dont il doit s'investir.

Aussi, je rappelais la primauté du législatif sur l'exécutif, tel que j'en avais tracé les grandes lignes dans mon rapport du décret du 14 frimaire (4 décembre 1793) : « La Convention est le centre unique de l'impulsion du gouvernement ».

Fontaine de la Régénération sur les débris de la Bastille - 10 août 1793

Pour répondre à cette affirmation, je fixai par mes correspondances les limites à ne pas dépasser.

Aux agents nationaux près des communes : « Les restes impurs de la constitution monarchique s'écroulant ont fait place à une organisation importante, républicaine, sévère. L'exécution des lois dormait, elle se réveille. C'est vous qui êtes choisis pour être ses assidus surveillants. N'oubliez pas, soldats de la Révolution, que personne ne doit sortir du rang ou dépasser son poste, même par excès de zèle. Vous êtes soumis à une discipline dont dépend la victoire. »

Aux agents nationaux près des districts : « Vous avez un compte ouvert avec la Patrie. Songez, surveillants, que d'autres yeux sont ouverts ; songez que si les vôtres se ferment un instant, la peine appelée par vous-mêmes sur les coupables, vous atteint, et vous frappe ; la hache de la loi se balance aujourd'hui sur la tête du juge. »

Aux départements : « Votre sphère est déterminée, parcourez-la religieusement : hors de là un abîme est ouvert où tombent ceux qui reculent ou qui se précipitent. »

Notre tache était difficile et nous devions franchir de nombreux obstacles. Malheureusement nous ne sommes pas allé aussi loin qu'on aurait du pour terminer la révolution, cette chaîne de calamités.

En effet, on renverse la statue et l'on conserve le piédestal. On ne voit qu'un monstre à abattre sans songer à détruire le repaire qui l'a vomi. Il fallait faire jaillir du sein de la représentation les différentes émanations du pouvoir, de manière qu'elles reviennent toujours à leur source ; agrandir pour besoin, la main du gouvernement afin qu'elle attaque les conspirateurs les plus éloignés ; écraser sur les points divers les centralisations partielles, écloses de la cendre des fédéralistes ; préciser enfin l'attribution des autorités constituées et des fonctionnaires publics ; poser les bases ; fixer les limites ; déterminer leurs cercles réciproques afin qu'il soit parcouru en entier avec rapidité et que le bonheur public naisse de la juste distribution de ses éléments.

Si nous avons mis l'indivisibilité en fête, c'était pour résoudre le problème de l'adéquation entre le peuple souverain et ses représentants. Mais après avoir exclu les factieux et les fédéralistes, nous avons constitué une structure d'avant-garde sensée émanée du peuple, la société des Jacobins. Là, pensions nous, nous confondrons de nouveau tous nos sentiments, toutes nos âmes dans un faisceau d'unité dont le nom seul sera l'effroi des tyrans.

Je ne peux que le regretter mais c'est un fait : les révolutions sont un état de guerre politique entre une nation poussée à bout et les dominateurs qui l'ont pressurée. C'est le meurtre prémédité du corps social qu'on ne peut prévenir que par la mort des conjurés : c'est l'assassin qu'on tue pour ne pas tomber sous ses propres coups.

Si les tyrans se font précéder par la terreur, cette terreur ne frappe jamais que sur le peuple. Vivant d'abus et régnant par l'arbitraire, ils ne peuvent dormir en paix sur leur trône qu'en plaçant l'universalité de leurs sujets entre l'obéissance et la mort.

Au contraire, dans une République naissante, quand la marche de la révolution force le législateur de mettre la terreur à l'ordre du jour, c'est pour venger la nation de ses ennemis ; et l'échafaud, qui naguère était le partage du misérable et du faible, est enfin devenu ce qu'il doit être : le tombeau des traîtres, des intrigants, des ambitieux et des rois.

Je l'ai dit : ce gouvernement sera terrible pour les conspirateurs, coercitif envers les agents publics, sévère pour leurs prévarications, redoutable aux méchants, protecteur des opprimés, inexorable aux oppresseurs, favorable aux patriotes, bienfaisant pour le peuple : c'est ainsi qu'à l'avenir, tous les décrets et toutes les lois, n'auront plus d'autre effet que de maintenir la République dans son intégrité ; que de vivifier la prospérité générale ; que de conserver à la Convention toute sa force. En masse tenez ici vigoureusement les rênes de l'état. Ressemblez au faisceau que vous représentez ; comme lui tirez toute votre puissance de votre réunion et qu'aussi le crime le plus grave soit ou l'ambition de s'élever au-dessus des autres, ou désertion de la cause du peuple.

Point de grâce pour de pareils attentats. Point d'inviolabilité pour qui que ce soit. La seule qui ne fait point d'ingérence, la seule légitime, réside dans la vertu. Il faut donc et vous l'avez décidé, que l'épée de Damoclès plane désormais sur toute la superficie. Qu'importe à ceux qui marchent sans dévier ! Ce n'est que par des mouvements en sens contraire qu'on peut rompre le fil qui tient cette épée suspendue : au lieu que le glaive de l'anarchie sans cesse brandissant dans les mains de toutes les passions qui se l'arrachent tour à tour, menace et frappe indistinctement et Marius avide de pouvoirs et les Gracques fondateurs de l'égalité.

Le législateur instruit peut éviter de grands malheurs, s'il a le courage d'extirper tout à coup les ferments destructeurs qui résident et dans le gouvernement et dans la nation.

Quel espoir peut rester à Léopold et au Roi d'Espagne depuis que la justice nationale a scellé la liberté française par le sang impur de ses tyrans. Les prétentions de la Prusse et de l'Angleterre sont rentrées dans le néant avec Brissot, Carra, Hébert, Danton* et Fabre d'Eglantine*. Ce n'est pas le dépècement de la France que voulaient les puissances coalisées mais le rétablissement de la royauté ; mais le renversement d'une République qui préparée par le progrès des lumières, basée sur la liberté et l'égalité, défendue par une nation puissante, menaçait leur propre couronne .

Mais après quatre années d'efforts, d'oscillations, de déchirements, il est temps que cette chaîne de calamités ait un terme. Et si le sang coule encore, du moins va-t-il servir, pour la première fois, à sceller à jamais les droits de l'humanité.

Représentant du peuple

Non, Colombel, personne ne nous enfermera dans les catégories ou les factions. Nous avons tant épuisé nos énergies dans des rivalités stériles en oubliant le monde que nous étions en train de créer. C'est une énorme entreprise de philanthropie qu'on ne peut imaginer dans ces douceurs tropicales et face à ce coucher de soleil. Nous avions des murs sales à frôler chaque jour, des murs que nos lanternes, le soir, rendaient plus sombre d'un coté et plus crus de l'autre, là où s'étalaient de façon honteuse la richesse indécente, l'oisiveté et le vice, tout le raffinement d'un luxe barbare, alors que derrière ces maisons, nous apercevions les haillons de la misère, la pâleur de la faim. Comment pouvions nous rendre le peuple heureux devant tant d'inégalités ?

Dans ce renversement universel de principe, dans cette dégradation de l'humanité, dans cette humiliation de la vertu, il fallait un changement, une révolution totale. Voilà pourquoi, tôt le matin ou tard le soir, mes pas s'empressaient entre ces murs, de chez moi, rue Saint André des Arts, au pavillon de Flore, vers ce volcan en fusion qu'était le comité de Salut public. A peine plus d'un kilomètre de l'autre coté de la Seine en passant par le Pont Neuf. Angélique tel Pénélope attendait mon retour. Mais ce n'était pas Pénélope et mon exil rompit le charme qui nous liait et sa trahison fut le plus aiguisé des couteaux qui me fut planté dans le cœur.

Non, Colombel, je n'aime pas la mort et je l'ai semé. Hébert, Danton, Camille, Saint-just, Robespierre*, ils ont eu chacun une mort différente parfois digne, parfois déplorable, mais l'immensité du drame efface ces différences.

La mort est un rappel à l'égalité, qu'un peuple libre doit consacrer par un acte public qui lui retrace sans cesse cet avertissement nécessaire. Une pompe funèbre est un hommage consolant qui efface jusqu'à l'empreinte hideuse du trépas ; c'est le dernier adieu de la nature.

Eux n'ont pas eu cette pompe et j'en suis désolé. Rappelle toi Saint-Just quand tu disais : « la révolution est glacée ... L'exercice de la terreur a blasé le crime comme les liqueurs fortes blasent le palais. »

Nous travaillions dans une salle dans l'aile sud du Palais des Tuileries qui était les anciens appartements de Marie-Antoinette.

COMITÉ CENTRAL DE SALUT PUBLIC L'AN II

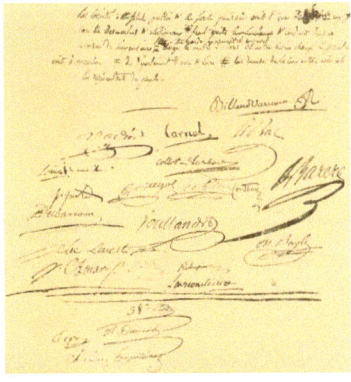

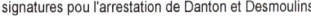

signatures pou l'arrestation de Danton et Desmoulins

séance au comité de Salut public

D'étroits corridors nous reliaient à la Convention. Certains membres arrivaient dès sept heures du matin et même plus tôt pour lire des dépêches ou préparer des travaux particuliers. Vers dix-sept ou dix-huit heures, on se quittait pour aller dîner, chacun de son côté. A vingt heures, la séance était déjà reprise et se prolongeait dans la nuit, le plus souvent jusqu'à une ou deux heures du matin. Nous étalions nos propositions, nos courriers, nos documents sur une table recouverte d'un tapis vert. Les décrets allaient d'une main à l'autre tandis que tournaient autour de la table les commis auxquels on passait les documents une fois signés. Dans l'urgence, dans l'insomnie, pouvions nous tout vérifier ? Et pourtant, nous scellions des destins. C'est nous qui dirigions le cours des événements - ou qui y faisions face - et si ses membres avaient évidemment des attributions spéciales dans un secteur précis (comme la conduite des opérations militaires par Carnot, ou l'organisation de l'armement par Prieur), on assumait collectivement les décisions. Moi, je m'occupais, entre autre, avec Collot d'Herbois de la correspondance avec les représentants en mission.

C'est là que nous signions les arrêtés de mise en accusation. Chaque arrêté du Comité était revêtu de la signature, non seulement de celui qui l'avait inspiré ou rédigé (souvent de sa propre main), mais de cinq autres membres au moins. C'est là que nous passâmes de longues nuits sans dormir ou se relayant pour cela, de temps en temps, sur un matelas posé près de la lourde table, laquelle nous frappions dès fois de nos poings, agitant tel papier, se prenant la tête, ombres de guignol sur un décor tragique à la lueur des bougies, des candélabres. Un travail de quinze heures par jour ; une responsabilité effrayante ; les soins de tant d'entreprises à faire marcher de front ; les inquiétudes inséparables de tant d'opérations d'où dépendaient le triomphe ou la perte de la République ; la crainte perpétuelle de quelques nouvelles désastreuses ; l'aspect toujours présent de nouveaux dangers ; des luttes continuelles avec les factions qui se sont succédé ; pour tout dire, la certitude d'être les premiers immolés, si les ennemis de la Patrie eussent pu l'emporter ; voilà ce qui a suspendu sur nos têtes pendant plus de six mois l'épée de Damoclès : et sans la réussite de nos opérations, qui est venue nous dédommager de tant de peines et d'alarmes, je ne crois pas qu'on puisse imaginer une existence plus fatigante, plus dure, ni plus insupportable. Être Montagnard, c'est gravir des sommets, une lutte permanente et harassante, c'est tenter la foudre, sentir la poudre, monter à la tribune dans l'attente de vociférations ou d'applaudissements, chapeaux levés, c'est chaque fois longer l'abîme. Germinal nous a avalé. Comment pouvions nous supporter que par la multiplication de sociétés populaires et de congrès on puisse faire pendant à la Convention, et exciter la haine dans le cœur des Français, ruinant ce lien qui fait nation et le principe de centralité législative que le peuple avait construit par tant de sacrifices.

Les Cordeliers devaient payer cet affront. Hébert et sa clique ont péri. Et comment accepter que des comités de clémence et des accords secrets ouvrent la voix aux feuillants, aux royalistes , aux armées étrangères, préférant dans une guerre meurtrière des victoires à la Pyrrhus préparant la fin de notre gouvernement. Danton et sa clique ont péri. Et autour de cette table verte au Pavillon de Flore, oui, unanimement, nous scellâmes leurs sorts. Le soir, la nuit, deux voitures étaient chargées de ramener les membres du comité chez eux. Moi, je rentrai souvent à pied, l'espoir mais souvent la désillusion au cœur.

En révolution, Colombel, le peuple et son législateur doivent seuls pouvoir, dans les moments de crise, s'élancer hors du cercle, pour y ramener toute masse de factieux et de malveillants, devenue trop forte pour être contenue ou réduite par les voies ordinaires.

A la fin de l'été 1793, peu après la constitution du grand Comité, la situation militaire était catastrophique. Les coalisés investissaient Maubeuge, assiégeaient Landau, menaçaient Strasbourg. A l'ouest, en Vendée, les insurgés étaient maîtres du terrain. Les troupes de la République, recrutées au printemps de 1793 en application de la loi de la « levée en masse », n'étaient ni équipées, ni instruites.

Carnot et Saint-Just, en mission l'un dans le Nord, l'autre dans l'Est, réussirent à stabiliser la situation avant l'hiver : ce fut la victoire de Wattignies (16 octobre 1793) gagnée par Jourdan et Carnot, celle de Landau remportée par Hoche. Mais la menace mortelle n'était pas conjurée : lorsque vint le printemps et que les opérations de grande envergure reprirent, il fallut que les armées de la République repoussent et vainquent définitivement l'ennemi. C'est ce qu'elles feront, mais ce sera l'aboutissement de l'effort gigantesque d'armement et d'organisation que dirigera le grand Comité pendant tout l'hiver 1793-1794. Quand les autorités locales étaient — ou paraissaient — défaillantes, les représentants en mission se chargeaient personnellement de la besogne. Ainsi, j'ai rempli des missions qui m'ont placé dans des positions très difficiles ; puisque envoyé avec mon collègue Sevestre, au mois de mars 1793, dans les départements de l'Isle et Vilaine et des Côtes-du-Nord, nous y avons eu les prémices de cette conspiration de la Rouarie qui a embrasé des feux de la guerre civile tous les départements de l'ouest. Dans l'arrondissement qui nous était confié, nous avons combattu les rebelles, et dans les deux mois tout est rentré dans l'ordre, sans que nous ayons eu recours à aucune de ces mesures extrêmes et violentes que de pareilles circonstances auraient pu légitimer.

De même, en août et septembre 1793, à l'époque du siège de Dunkerque, avec Niou, nous délivrâmes des ordres de réquisition pour que soient livrés à Saint-Omer, dans les plus brefs délais, les produits destinés à permettre à l'armée et à la population de soutenir un siège de quatre mois. Ces sages mesures, acceptées aisément, on s'en doute, par la population, ne préludèrent pas au siège de la ville, Houchard l'ayant emporté à Hondschoote. Elles eurent le mérite de chasser, pour un temps, le spectre de la disette. Elles n'en supprimèrent pas pour autant les réquisitions, qui, le péril s'estompant, parurent bientôt exagérées. Nous retrouvèrent ensuite le député du Pas-de-Calais Duquesnoy à l'armée du Nord. Les Anglais alors qu'ils imposaient le blocus de Dunkerque, tournant Cassel et coupant les communications avec Saint-Omer et Paris, s'était déjà emparé du château d'Esquelbecq. L'ennemi coalisé assiégeait aussi la ville fortifiée de Bergues. Pour la soulager, un plan d'attaque est conçu dans le secteur. Le château d'Esquelbecq était défendu par près de mille cinq cents soldats appuyés par des canons d'artillerie. Tandis que le général Jourdan reprenait Wormhoudt, nous marchâmes avec mes collègues Niou et Duquesnoy, à la tête d'une colonne sur le château, repoussant les ennemis avec une valeur incroyable, sous les tonnerres et le feu des canons, les pluies et les averses faisant un décors de larmes sur tout les combattants. Nous laissâmes sur place environ 50 morts, beaucoup de blessés. Nous fîmes des prisonniers, et primes des armes. En reprenant ce château à la pointe de la baïonnette nous permîmes de dégager le camp de Cassel et de faciliter la jonction des différentes divisions de notre armée, par laquelle, bientôt après, Bergue et Dunkerque ont été délivrés, malgré la trahison du général Houchard. Alors, peut-on suspecter mon enthousiasme républicain quand on a été du nombre de ceux qui ont le plus insisté sur la punition de ce général perfide, et de Custine plus perfide encore ; quand ensuite on a été membre d'un comité qui a fait aux Anglais, comme aux autres ennemis de la République, une guerre si vive et si brillante en succès ; quand on a été chargé par ce comité, puisqu'on m'oblige à le dire, d'une mission dont le but était de porter un coup mortel à l'Angleterre ; quand, pendant les quatre derniers mois qui ont précédé le 9 thermidor, chargé de suivre l'exécution de ce même projet, je me suis spécialement occupé de toutes les recherches, de tous les plans, en un mot, de tous les détails que nécessitait une si vaste entreprise.

Représentant du peuple en mission aux armée

L'État Major de l'Armée du Nord

plaque apposée sur un mur de l'église d'Esquelbecq

« Ici, le vendredi 23 aout 1793, 3000 soldats de la division Jourdansdirigés par le général Leclaire et les trois conventionnels Duquesnoy, Daunou (en fait Niou) et Billaud-Varenne du comité de Salut public livrèrent ... »

Qu'un sang impur

Mon cher Colombel, tu as évoqué les journées qui ont ensanglanté la révolution, et il faut dire que je fus souvent accusé des plus odieux forfaits. Ces soubresauts violents n'ont pourtant pas d'autres causes que la réaction du peuple trop longtemps trompé, trop longtemps écrasé par la morgue d'êtres ambitieux et inutiles, excédé de voir les contre-révolutionnaires échapper à la justice. Oui effectivement on me vit à la prison de l'Abbaye le 2 septembre au soir et le lendemain à midi lorsque je me rendis au comité des Quatre-Nations qui siégeait en ces lieux. Je n'oublierai jamais pour les quelques temps qui me restent les horreurs que j'ai vécues alors. Lorsqu'on me conduisit en fiacre vers cinq heures du soir, la pénombre des ruelles occultait ce qui se passait réellement mais on percevait de loin les mouvements de foule. Puis en approchant de l'Abbaye, j'entendis des vociférations, des cris, des lamentations. C'était le plus souvent les appels au meurtre que transmettait cette interjection tant de fois répétée : « A la Force, à la Force », appels qui accompagnaient les bruits des sabres et des piques et ceux des chairs que l'on transperce. Je suis venu dès le premier jour, dès que les rumeurs de massacre dans les prisons étaient arrivées à la Commune. Manuel me précéda sur la prison de l'Abbaye mais resta bien peureusement en retrait, au milieu de la rue Sainte-Marguerite. En entrant dans la cour de l'église de l'Abbaye, je vis une multitude d'hommes et de femmes rassemblés que la lumière déclinante du jour, remplacée en partie par les torches, faisait paraître tel des fantômes au visage blafard et ensanglanté. Des corps étaient étendus dans la cour à moitié dévêtus parfois éventrés, parfois sans tête, sans membres. J'avais revêtu un chapeau sur ma perruque noire et mon écharpe d'élu, celle-ci me permettant d'avancer malgré la tension extrême occasionnée par l'odeur du sang. On reconnut malgré tout ma fonction de substitut du procureur de la commune.

Par ce que je voyais, entendais, sentais, je fus pris de nausée. L'air humide de ce soir d'été s'était imprégné de rouille. Mes bottes étaient souillées de boue et de sang lorsque je rejoignis sous un porche Maillard que j'avais mandaté. J'y fis une courte harangue qui calma les ardeurs des massacreurs : « Peuple, tu immoles tes ennemis, tu fais ton devoir ... » Oui, oui crièrent ils. « Je sens comme vous qu'il faut qu'ils périssent ; mais si vous êtes de bons citoyens, vous devez aimer la justice. ... Ne vous exposez pas au regret tardif et désespérant d'avoir frappé l'innocent au lieu du coupable. Le citoyen Maillard prendra les renseignements dans le livre des écrous et procédera à un interrogatoire. Ainsi l'on pourra punir les scélérats sans cesser d'être juste ». A ces mots la foule cria Maillard, le citoyen Maillard, président ! Ce dernier dit qu'il allait travailler en bon citoyen.

La commission s'organise, les compagnons de Maillard l'environnent et ils conviennent entre eux d'une formule d'interrogatoire et des modalités du jugement.

Je dus le lendemain vers midi revenir encore dans ce lieu immonde dans lequel se perpétraient les massacres mais les prisonniers transitaient maintenant par ce tribunal improvisé et pouvaient espérer être libéré ce qui se faisait au grand cri de « Vive la nation ! ». Mon retour s'imposait car des informations concernant le dépouillement des victimes et les rapines de certains égorgeurs nous parvinrent à la Commune. On me mandata à nouveau pour empêcher par la promesse d'une rétribution l'appropriation des biens des victimes dont ces profanateurs s'octroyaient le droit .

J'avançai donc à nouveau dans ce creuset de cris et de violence , traversant la grande cour vers les quelques marches qui amenaient au comité de la section des Quatre-Nations, sise à l'Abbaye. Dans le porche voisin, Maillard et ses acolytes étaient toujours à l'œuvre. Sur les marches du comité je fis faire silence.

Ma voix en imposait même aux plus sombres brutes.

« Mes amis ! Mes amis ! La Commune m'envoie vers vous pour vous représenter que vous déshonorez cette journée. On nous a dit que vous volez ces coquins d'aristocrates après en avoir fait justice. Laissez, laissez tous les bijoux, tous les effets et tout l'argent qu'ils ont sur eux. Pour les frais de cet acte de justice que vous exercez On aura soin de vous payer, comme on en est convenu avec vous ; Que tout, dans ce jour, soit digne du peuple dont la souveraineté vous est commise ».

Me retirant, je remontai dans mon fiacre mais quelques rues plus loin je demandai d'arrêter. Là, contre un mur où je ne pouvais être vu, je vomissais le trop plein de dégoût, de peine et d'horreur accumulé.

A ces mots Billaud s'arrêta de parler, pensif, le regard au loin vers la baie de Port au Prince où de multiples lumières scintillaient comme autant de feux follets.

On m'accusa d'être le principal responsable car on me vit, moi seul, affronter ces évènements calamiteux. Où étaient les provocateurs ? Marat certes par ses écrits mais aussi Fabre d'Églantine, et ses appels au meurtre, cet agioteur protégé de Danton et Danton lui même, où était il, lui, le ministre de la justice ? Il a préféré se cacher et n'apparaître dans la vie publique que le 4 septembre alors que tout était consommé. Il a fermé honteusement les yeux, il a laissé couler et tarir le sang, il en garde aux mains une tâche éternelle. Je lui est prédit ce qui lui arriverait par son opportunisme et ses compromissions.

Danton disait que j'avais un poignard sous la langue, peut-être n'a t il pas apprécié ma menace car je lui ai dit: « Malheur, Danton, à celui qui a siégé à coté de Fabre d'Églantine, et qui veut encore rester sa dupe ». J'ai déchiré le voile qui couvrait les circonstances qui ont accompagné les funestes évènements des 2 et 3 septembre lors de la séance aux Jacobins du 10 février 1793. On sait qu'après avoir blanchi La Fayette, dont la trahison était démontrée depuis longtemps, et dont l'impudence révoltante ne pouvait être excusée que par ses complices, la ruine de l'état fut, conjointement avec la cour, concertée et jurée dans la séance du 7 juillet. On sait que, pour mieux endormir la nation et la conduire plus sûrement sur les bords du précipice, on feignit, dans cette séance, une réconciliation qui ne fut à le bien prendre, qu'un pacte de scélératesse, qu'une transaction passée avec la tyrannie, pour proscrire à jamais la liberté et l'égalité ; puisque les hommes même qui se prétendaient patriotes, firent serment de livrer à l'échafaud quiconque oserait parler de république. Et ces hommes se disent pourtant aujourd'hui républicains ! les fourbes oublient donc que ce titre même les accuse d'un parjure !

Tel était l'état des choses quand est arrivée la journée du 10 août. Et, je le demande, quel reproche eût-on pu faire au peuple, si, dans ce moment terrible, il eut porté plus loin sa vengeance ; si ce jour eût été le dernier de tous les traîtres et de tous les intrigants ? Cependant, sa fureur s'est arrêtée. Mais, quels sont ceux qui l'ont désarmé ? Est-ce vous, mes accusateurs, qui ne craignez point de peindre le peuple français de façon aussi odieuse, vous dont la conscience, souillée de perfidies, vous plaçait elle-même au rang des victimes ? Vous qui, tremblant à votre place, n'osiez vous montrer au grand jour ? Vous qui, croyant voir déjà le glaive de la vengeance suspendu sur vos têtes, imploriez humblement, pour l'en écarter, le crédit de vos collègues, en trop petit nombre, qui s'étaient constamment et parfaitement prononcés ? Ceux-là seuls, joints aux patriotes les plus en évidence, avaient donc, de votre propre aveu, la confiance du peuple ? Eux seuls, au milieu du carnage, ont donc pu se faire entendre ? Eux seuls ont donc pu obtenir que les massacres seraient suspendus, pour livrer au bras de la justice ces contre-révolutionnaires, traînés aussitôt dans les prisons de l'Abbaye ?

Et, cependant, ce sont ces mêmes pacificateurs du peuple qu'on accuse d'avoir fait égorger, trois semaines après, les prisonniers qu'ils avaient sauvés ! Pour leur prêter une empreinte de conspiration, on n'a pas rougi de les représenter comme allant chercher de méprisables victimes dans la fange des cachots ; tandis que, s'ils eussent été en effet si altérés de sang, ils connaissaient tant d'autres traîtres à la patrie, que le salut public vouait à la proscription ! tandis que si, réellement, ils eussent voulu régner, ou comme dictateurs, ou comme triumvirs, les coups ne seraient pas tombés sur des ennemis abattus, mais sur des ambitieux qui déjà travaillaient ouvertement pour se mettre à la place des vaincus.

Remarquez bien cette circonstance car elle est décisive. C'est le premier septembre qu'on enlève à la ville de Paris les magistrats qui avaient dirigé les mouvements de la journée du 10 août : c'est le premier septembre qu'on laisse ce peuple immense sans guide et sans appui ; et c'est le lendemain, à dix heures du matin, que la nouvelle se répand que Verdun est pris et qu'il n'existe aucune force capable d'arrêter une armée de quatre-vingt dix mille Prussiens qui marchent et viennent bloquer Paris. Aussitôt la voix seule de la patrie se fait entendre. Quoique frappés d'un anathème injuste et peut-être perfide, des magistrats, pleins de zèle, ne considèrent que le salut de tous. Ils font une proclamation pour annoncer au peuple le danger imminent où il se trouve. A midi, le canon d'alarme et tiré. On demande que, dans le jour même, soixante mille hommes, au moins, volent au-devant de l'ennemi. Au même moment, des amphithéâtres, dans tous les quartiers de la ville, sont couverts d'une foule de défenseurs de la liberté, et ne demandent qu'a partir. Chaque citoyen ne voit plus que l'ennemi et le lieu où il faut aller le combattre. Cependant, au milieu des transports d'un enthousiasme qui entraîne loin de ces murs les plus chaleureux patriotes, on songe que Paris va être livré, plus que jamais, aux malveillants : on songe que les prisons regorgent de conspirateurs ; on se rappelle, qu'à l'époque du 14 juillet, c'est dans les prisons que la cour devait aller chercher les instruments de sa vengeance : on se rappelle que si les Prussiens avancent à grands pas, c'est avec l'espoir de retrouver encore les scélérats avec qui ils sont coalisés.

On n'ignore pas que ceux renfermés à l'Abbaye, ont assez d'or pour corrompre les guichetiers. On n'ignore pas qu'ils ont assez de partisans pour allier la violence à la séduction. On a entendu dire, par un conspirateur , dans son interrogatoire, que ce complot existe.

Déjà plusieurs soulèvements dans les prisons confirment les indices de cette trame ; déjà il semble voir cette cité assiégée ; et un essaim de contre-révolutionnaires et de brigands s'échapper de leurs cachots, dans l'ombre de la nuit, et livrer Troie aux Grecs, aux flammes et au pillage. Tant d'idées, propres à inspirer la terreur et le ressentiment, quand on est déjà dans un état d'effervescence, conduisent naturellement aux derniers excès de la fureur : c'est aussi ce qui est arrivé. Dès trois heures après-midi, les prisons de l'Abbaye étaient forcées ; et ce peuple si calme, tout le temps qu'on le laissa dormir dans les bras de la sécurité, se voyant à son réveil investi de toutes parts, immole, dans son premier emportement les mêmes ennemis qu'il avait épargnés dans la journée du 10 août; parce que les ayant désarmés, il n'avait pas cru qu'ils pussent devenir encore si redoutables.

Les septembriseurs, gravure publiée en 1871.

Eh ! qui ne sait pas que c'est l'exemple terrible, donné dans ce moment, qui a arrêté, pendant six jours entiers, la marche des Prussiens ; ce qui nous a laissé le temps de nous mettre en mesure, et de réunir nos forces pour les combattre et pour les repousser ? Qui ne sait pas que Brunswick, espérant encore sauver le tyran, quand il voyait l'assemblée législative traiter son enfant en fils de roi et lui nommer un gouvernent, s'est arrêté, effrayé uniquement par les scènes paniques des 2 et 3 septembre ; et dans la crainte qu'en faisant un pas de plus , il ne portât la vengeance du peuple à s'étendre jusqu'aux tours du Temple ?

Ainsi le sang des brigands a sauvé Paris et la France entière. Le sang des conspirateurs a produit plus d'effet qu'une armée formidable. Certes, tout meurtre fait horreur ! mais encore, quand il épargne d'autres massacres ; quand il sauve la vie à près d'un million d'hommes surpris sans retranchements et presque sans défense et sans arme ; quand il cimente la liberté ; quand il tue les tyrans et leurs satellites, qui osera prétendre que ce soit là un crime ; et un crime irrémissible ? On a dit qu'il n'y avait que deux cents acteurs, au plus, qui figuraient dans ces massacres. Alors, les membres de l'assemblée législative et le conseil exécutif et le maire de Paris sont bien coupables du sang qui a été répandu de n'avoir pu, malgré la force publique entre leurs mains, empêcher ces meurtriers. Mais non, il s'agissait d'une insurrection générale, ou, pour mieux dire, d'une explosion révolutionnaire, alors c'est qu'aucune des autorités constituées n'a rempli les obligations qui lui étaient imposées par la loi pour réprimer une sédition pareille. Par un mouvement spontané, on a voulu rompre la chaîne de toutes les coalitions intérieures et je ne crains pas de le répéter, cet événement, quoique non calculé, est celui qui a décidé la victoire. Ceux qui nous accusaient alors, non seulement étaient restés spectateurs muets de cette catastrophe, mais encore semblaient l'avoir autorisée en y envoyant une simple députation, composée d'hommes incapables d'en imposer au peuple et de le rappeler à sa dignité. D'ailleurs, il faut bien rappeler que les âmes sensibles, qui appellent à grands cris la sévérité des lois pour venger la mort des contre-révolutionnaires et des chevaliers du poignard, que la justice semblait ménager, sont les mêmes qui parlaient d'humanité et de clémence en faveur d'un tyran, dont chaque instant de la vie fut marqué par un forfait ; qui médita vingt fois le massacre. de la France entière et qui n'espérait, dans sa prison, que le moment de nous faire tous égorger.

Dans cette sphère de tempêtes, Colombel, nous ne pouvions voir que le salut commun ; nous battîmes les Vendéens et l'Europe ; nous écrasâmes des dissidences funestes ; oui, sans nos propres divisions, nous eussions conduit le pays à la république, et à présent, une partie de l'Europe serait politiquement puritaine. Aucun de nous n'a vu les faits, les accidents très affligeants, sans doute, que l'on nous reproche ! Nous avions les regards portés trop haut pour voir que nous marchions sur un sol couvert de sang.

Parmi ceux que nos lois condamnèrent, vous ne comptez donc que des innocents ? Attaquaient-ils , oui ou non, la révolution, la république ? Si oui, eh bien, nous les avons écrasés comme des égoïstes, comme des infâmes. Nous avons été hommes d'état, en mettant au-dessus de toutes les considérations le sort de la cause qui nous était confiée. Nous reprocherez-vous les moyens ? Mais les moyens ont fait triompher cette grande cause. Reprochez-les-nous, j'y consens, mais dites aussi : Ils n'ont pas failli à la république, à la plus sainte des causes, celle du droit humain écrite jadis dans la fierté du front de l'homme et effacée par les despotes. Nous, du moins, nous n'avons pas laissé la France humiliée, et nous avons été grands au milieu d'une noble pauvreté. N'avez vous pas retrouvé au trésor public toutes nos confiscations ?

Ne le croyez pas Colombel, je ne suis pas le buveur de sang qu'ils décrivent. La peine de mort me révulse et l'échafaud ! Grand Dieu ! A-t-il jamais servi à épurer les mœurs ! Au contraire, c'est où le gibet se voit à chaque pas qu'on peut assurer qu'il existe le plus de malfaiteurs. D'ailleurs, le peuple a dû trembler lorsque, au lieu d'assouvir sa faim il a appris qu'on ne songeait qu'à réprimer par la terreur les angoisses du besoin. La sévérité même de la justice devient contraire à son but ; parce que la multiplicité des coupables lui prête tôt ou tard une teinte sanguinaire ; ce qui finit par rendre la révolution comme un tableau lugubre de supplices journaliers, et par conséquent une scène douloureuse et insupportable.

Mais notre République naissante était bien fragile et les complots surgissaient de toutes parts pour la réduire.

Alors que faire ? Si les membres veulent agir sans la direction de la tête, si pour rendre au corps politique une santé robuste il y faut retrancher ses membres gangrenés.

Alors, l'échafaud qui était naguère le partage du misérable et du faible est devenu par la force des choses et, je dirai malgré nous, ce qu'il doit être, le tombeau des traîtres et des intrigants, des ambitieux et des rois. C'est pour venger la nation de ses ennemis que la révolution en marche a forcé le législateur de mettre la terreur à l'ordre du jour. Je dirai même que nos ennemis ne sont pas seulement ceux qui agissent contre nous. Il y a aussi ceux qui ont reçu avec indifférence la constitution républicaine et ceux qui, n'ayant rien fait contre la liberté, n'ont aussi rien fait pour elle, et ne méritent aucun certificat de civisme. Ainsi prétendre ménager ses ennemis, c'est aller contre la première règle qu'il faut suivre. Vouloir concilier des intérêts si opposés, c'est essayer de réunir des éléments contraires, ou plutôt c'est faire absorber l'un par l'autre. Voilà comme à la longue presque toutes les révolutions politiques sont avortées. Comment les terminer, tant qu'il existe un parti puissant d'opposition qui les entrave, et qui, par une lutte continuelle, ajoute des froissements à des efforts, des conspirations à des tyrannies, et de nouveaux revers à d'anciennes calamités ?

J'ai parlé de cette séance concernant la réconciliation proposée par Lamourette lors de laquelle on s'embrassa sur les tribunes. Je le dis comme je le pense, voir tel député se jeter dans les bras de tel autre, c'est voir Néron embrasser Britannicus ; c'est voir Charles IX tendant la main à Coligny. Les traîtres m'appelleront s'ils le veulent un citoyen exécrable, mais ni leurs clameurs ni leur vengeance ne pourront me faire dissimuler la vérité telle que je la vois ! ... Les Judas ne donnèrent jamais leurs baisers que pour livrer leurs victimes.

Car ne vous y trompez pas, c'est la longue impunité des criminels qui a pu rendre le peuple bourreau. La colère du peuple comme celle de Dieu n'est souvent que le supplément terrible du silence des lois.

Flectere si nequeo superos acheronta movebo

Le 10 germinal (30 mars 1794), il était vingt et une heures et je me dirigeai en direction de la rue de Montpensier qui longe le Palais Royal vers mon rendez-vous avec Fouquier-Tinville*. J'avais fixé ce rendez-vous au Café Corazza. Mes bottes battaient le pavé dans la pluie fine qui tombait et scintillait aux lumières des lanternes. J'ouvris la grande porte vitrée du café et pénétrai dans cet antre brumeux, assailli par le bruit, les rires des filles du Palais-Royal, par la fumée des pipes et des chandelles et l'odeur de tabac et de vinasses. J'allai m'asseoir à une table, celle la moins éclairée afin de ne pas attirer l'attention. Mon intention, avec l'accord de Saint-Just et de Collot, était de discuter avec l'accusateur public des modalités d'un acte d'accusation contre Danton et ses amis. Peu de temps s'écoula quand la porte s'ouvrit sur une silhouette caractéristique, sombre et ramassée. Fouquier-Tinville me vit et vint s'asseoir à ma table. Nous commandâmes deux cafés.

Voilà le message que je lui transmis : Fouquier, je n'ai que peu de mots à te dire. Mais ils sortent de la bouche de patriotes fortement ulcérés par les faits reprochés à Danton et à sa clique, faits qui te seront exposés par un rapport de Saint-Just au tribunal. Il nous faut frapper fort car la place laissée libre par les ultras et les Hébertistes est une aubaine pour les conspirateurs, ceux qui déjà avaient tissé des liens avec la cour, avec Mirabeau, avec d'Orléans, Brissot et Dumouriez, sous le déguisement de patriote. La chute des ultras va fournir à Danton et ses amis modérés l'outrecuidance d'attaquer les comités et la convention.

Danton et Desmoulins sont de véritables félins retournant vers leurs tanières douillettes à chaque sonnerie du tocsin. Voilà la commande que nous te faisons, nous les représentants du peuple reconnus comme intègres et républicains.

Fouquier, tu sais reconnaître les exigences de la loi et les dangers des compromis. Je crains les tergiversations de Robespierre ; Je crains les amitiés qui troublent et obscurcissent les jugements même chez les plus vertueux. J'ai ressenti avec peine ses hésitations lors de la mise en cause de Danton et Desmoulins.

Je ne suis pas là pour épancher mon cœur mais pour te donner les moyens de mieux combattre la félonie qui porte le masque de la candeur. En associant Danton et Desmoulins à leurs amis tu prouveras que l'indulgence dont ils ont fait preuve va se trouver prostituée au regard de ton réquisitoire.

Fabre d'Églantine est un scélérat consommé, lorsque tous les autres députés ses complices, ont été arrêtés, il est resté ici non parce que les faits qui étaient à sa charge n'étaient pas assez prouvés, mais il y est resté pour tramer une nouvelle conspiration.

Danton recherchait un compromis avec les modérés et Fabre l'amenait aux précipices.

Déjà Hérault de Séchelles, ami de Proly de la faction d'Hébert, a été arrêté. Il faut aussi que tu portes les accusations d'agiotage et de falsification contre Chabot et ses amis, Bazire, Delacroix, Philippeaux, Delaunay et, amalgamés aux fripons, tu ajouteras dans cette acte les agents de l'étranger que sont Frey, Guzmann et Diederichsen.

C'est ici dans ce café que ce groupe complotait, Fabre, Proly, Dufourny, Sambat, Varlet, Desfieux, Guzman, Chabot, certains s'échangeant Madame Violette qui a su allumer la guerre entre eux. C'est la friponnerie alliée à la luxure.

Fabre faisait usage de tout : l'ambition des uns, la paresse des autres, l'inquiétude, l'envie, tout était bon pour lui. Cette impudente habileté a fait de lui le chef d'un véritable système de contre-révolution, soit que son effronterie et son humeur brouillonne se plût à bouleverser l'ordre établi, par je ne sais quel mépris malsain de la raison humaine, soit plutôt que son aristocratisme avéré et sa cupidité aient reçu dès longtemps des arrhes de Pitt pour ruiner la République. Et qui l'envoie auprès de Dumouriez pour ces négociations criminelles, qui ont sauvé les Prussiens, près d'être anéantis, si ce n'est Danton.

A coté de lui, Desmoulins a diffamé la République. Il a calomnié les actes de l'État, comparé la gloire où nous vivons aux turpitudes des Césars romains. Il a réveillé les espérances des aristocrates, excité le soupçon contre la nécessité des répressions, entravé l'œuvre de la défense nationale. Avec une humanité simulée, que dément son caractère passé, il a voulu ouvrir les prisons aux suspects pour submerger la République sous le flot des vengeances de la contre-révolution.

Je te donne communication de la lettre suivante, que les comités ont reçue de l'administration de la police, afin que le tribunal voit quel péril menace la Liberté.

Je te la lis: « Nous, administrateurs du département de police, sur une lettre à nous écrite par le concierge de la maison d'arrêt du Luxembourg, nous nous sommes à l'instant transportés en ladite maison d'arrêt, et nous avons fait comparaître devant nous le citoyen Laflotte, ci-devant ministre de la République à Florence, détenu en ladite maison depuis environ six jours; lequel nous a déclaré qu'hier, entre six et sept heures du soir, étant dans la chambre du citoyen général Arthur Dillon, ledit Dillon, après l'avoir tiré à part, lui dit qu'il fallait résister à l'oppression, que les hommes de tête et de cœur détenus au Luxembourg et aux autres maisons d'arrêt devaient se réunir; que la femme de Desmoulins mettait à sa disposition mille écus, à l'effet de pouvoir ameuter du monde autour du tribunal révolutionnaire.» Laflotte se décida à feindre de partager leurs idées pour mieux connaître leur plan. Dillon, s'imaginant l'avoir associé à son infâme complot, lui détailla les différents projets. Laflotte se met à la disposition du comité de Salut public pour lui en révéler les détails. »

Je tirai une liasse de papiers de ma sacoche et la tendais à Fouquier. Voilà aussi la correspondance de ton cousin Camille au général Dillon. Lui qui me traite de lâche et de bilieux. Tu seras effaré de tant de critiques et de calomnies qu'il a répandues sur les Jacobins et les comités. Attention Fouquier qu'on ne ressorte pas ta parenté si ta voix vient à fléchir à sa condamnation.

« Flectere si nequeo superos acheronta movebo », dit Virgile. Si Dieu les protège, nous armerons l'enfer contre eux.

Saisissons donc ensemble le manche du trident et plongeons le dans l'Achéron avant qu'il ne soit trop tard.

Fouquier acquiesça et se leva sans autre mot que « salut et fraternité, citoyen Billaud ! » Il se tourna, remit son chapeau et baissant la tête, sortit absorbé par la nuit pluvieuse.

Galerie Montpensier - Corazza

Procès de Marie-Antoinette par le Tribunal Révolutionnaire, en octobre 1793 © AFP / Leemage

Fouquier-Tinville, procès de Marie-Antoinette

Je ne pus alors empêcher la chanson de Fabre de tinter dans ma tête telle une joyeuse et lugubre raillerie: " il pleut, il pleut, bergère, rentre tes blancs moutons … "

Cet homme qui était devant moi, Colombel, fit trembler le tribunal où il siégeait, allure spectrale, ses sourcils épais relevés, sa chevelure tirée en arrière, en habit noir ceint du cordon de magistrat, avec son chapeau à large bord orné de plumes noires. Au tribunal révolutionnaire, il était le véritable maître de la vie et surtout de la mort. Mais c'était un homme sans caractère, besogneux, scrupuleux sur l'application des lois, soucieux du travail bien fait, y compris celui d'organiser les charrettes des condamnés.

Cette rencontre qui lui était imposée le gênait. Il n'avait pas conscience des enjeux et des dangers qui se préparaient. Pourtant je n'inventai rien, je ne trahissais pas ses scrupules. Les faits étaient bien avérés .

Au procès, Camille s'effondra au témoignage de Laflotte. Ainsi, non content de me détruire, dit-il, on veut condamner aussi Lucile.

Ah ! Si loin de ce temps, si loin de ces lieux, Danton me hante, ou plutôt hante une autre âme qui n'est plus aujourd'hui soumise à l'urgence, qui n'est plus obligée de défendre ses idées, et cette âme là, la mienne maintenant, même si elle n'a pas de regret, saigne, saigne de toute part l'absurdité de ce monde.

Danton saigne en moi, Robespierre et Saint-Just aussi. Danton aimait, Saint-Just s'aimait, Robespierre s'aimait et moi ? Le bilieux selon Camille, … Est-il vrai que Louis-Sébastien Mercier a dit de moi : « c'est avec ces yeux farouches et dans cette froide et immobile attitude qu'il eût assisté aux funérailles de l'univers ».

Ai-je aimé ? Moi qui ai épuisé sur des idées, cette énergie que j'aurai du réserver à Angélique*, à mes proches. N'aurai-je donc aimé que le Peuple, cette majuscule abstraction ?

Et alors ! Cela ne me rend que plus tragique. Pourquoi aurai je du exprimer un regret ? Pourquoi ? alors que cette espérance d'un monde meilleur et libre, finalement trop grande pour moi, trébuchait sous les coups de ceux qui, comme les vers de terre, n'avaient que leur horizon privé et leur besoin mesquin, celui d'assouvir l'instant.

L'entrée et le terme de la vie sont assaillis par la douleur. Ainsi l'a voulu la nature qui n'opère qu'avec effort ; quand surtout, tombée dans la caducité, elle ne peut être rappelée à une nouvelle existence que par l'anéantissement de tout ce qui a produit sa dissolution. Voilà comme toutes les révolutions n'ont offert que des tableaux lugubres et douloureux : comme à ces époques terribles, la destruction et la mort ont ouvert pour ainsi dire, de leurs mains ensanglantées, les portes de la reproduction et de la vie. Comme Médée qui, pour rendre la jeunesse au vieil Eson, a besoin de dépecer son corps usé, avant de le rejeter en fonte, de même l'univers ne se renouvelle que par ces ouragans, ces déluges, ces volcans, ces terres englouties, qui, dans le moment, font craindre la dissolution du monde entier. Mais c'est assez sans doute d'avoir à gémir des désastres causés par la primitive explosion, sans les agrandir, en préparant par sa faute des commotions ultérieures.

Moments Thermidor

Joachim Vilate, robespierriste et juré du tribunal révolutionnaire, l'avait bien saisi : « L'orage grondait sur la Montagne ; la Plaine retentissait de sifflements ; la mer soulevait ses flots agités ».

Oublie-t-on que dans la Convention nationale, Robespierre se trouva bientôt le seul qui, fixant sur sa personne tous les regards, acquit tant de confiance qu'elle le rendit prépondérant de sorte que lorsqu 'il est arrivé au comité de Salut public, il était déjà l'être le plus important de France ? Chez une nation qui a croupi dans l'esclavage, l'idolâtrie est la passion dominante de tant d'individus dégradés.

J'ai accompagné dans ces terribles années Robespierre et les comités. Mais la loi de Prairial élaborées sans concertation désobligèrent certains d'entre nous et nous le fîmes savoir soulignant un acte de dictature. C'est moi qui ai dit à Robespierre lui-même, le lendemain que la loi du 22 prairial fut rendue, qu'il agissait en dictateur : c'est moi qui lui ai déclaré que j'entrevoyais qu'il avait le dessein de frapper la Convention ; mais qu'on ne porterait atteinte à la représentation nationale qu'en marchant sur nos corps sanglants. Il paraît que la dureté de mon opposition arracha des larmes de rage à Robespierre.

Aux Jacobins, le 13 messidor (1er juillet) il dénonçait les calomnies dont il était l'objet et les intrigues au sein des comités. Pensait il relancer la Révolution par un retour aux cycles pernicieux des factions alors que je souhaitais au contraire la clore par les institutions civiles ? D'ailleurs j'annonçais pour cela la publication d'un rapport. Pour finir, il se drapait dans le spectacle d'apparat du martyre, refusant de paraître aux séances du comité et de la Convention. Il ne parut que le 5 thermidor (23 juillet) pour une séance de réconciliation préparée par Barère. Des concessions furent faites et tout semblait rentré dans l'ordre.

Et pourtant le 8 thermidor, Robespierre, par un long discours testamentaire, provoquait la rupture mettant les mensonges de notre coté et la vérité chez lui. Il existe une conspiration contre la liberté publique, dit-il, et plus loin, une coalition qui intrigue au sein même de la Convention , elle est dans le comité de Sureté générale et des membres du comité de Salut public entrent dans ce complot.

« Pourquoi ceux qui vous disaient naguère : je vous déclare que nous marchons sur des volcans, croient-ils ne marcher aujourd'hui que sur des roses ? » « Que dirait-on si les auteurs du complot dont je viens de parler étaient du nombre de ceux qui ont conduit Danton, Fabre et Desmoulins à l'échafaud ? » Robespierre conclut « qu'il faut subordonner le comité de Salut public lui-même épuré ». J'étais visé et pourtant je me raccrochais au dernier espoir de réconciliation apporté par Barère.

Il faut savoir que dans le but d'anéantir le comité de Sûreté générale, les meneurs du comité de Salut public instituèrent un comité de police générale, avec pouvoir d'incarcérer, traduire au tribunal révolutionnaire, élargir, faire condamner ou absoudre tels citoyens qu'il lui plaisait. Mais cette usurpation de pouvoir est positivement un des crimes de Robespierre qui, lui ayant permis de marcher avec plus de célérité et d'audace à la dictature, a contribué davantage à le faire reconnaître pour conspirateur.

D'ailleurs, Saint-Just, environ deux mois avant le 10 thermidor, arriva inopinément de l'armée du Nord, exprès pour faire son acte d'accusation. Cependant il s'en alla comme il était venu cinq ou six jours après ; et lorsqu'à son retour il s'est occupé de nouveau à faire des actes d'accusation, ce n'a plus été que contre nous. En parlant de moi comme conspirateur, il voulut soit-disant lever le masque sur une révolte ouverte contre la Convention :

« Billaud traite Robespierre de Pysistrate, et il existe, un plan d'usurper le pouvoir, en immolant une partie des membres du comité. Collot et Billaud sont les auteurs de cette trame ».

Il fallait donc que mon corps leur servît de marche-pied.

On m'accusa d'être l'initiateur de la Terreur. Pourtant, les compte-rendus des séances montreront que ce sont Robespierre, Couthon* et Saint-Just qui venaient sans cesse à la charge, soit pour des actes d'accusation, soit pour des arrestations. C'est ce qui sera confirmé par plusieurs de mes autres collègues qui ont été instruits dans le temps de ce qui se passait. C'est un aveu qui se trouve consigné, et dans les motions fréquentes de Couthon aux Jacobins, par lesquelles il insistait sur la punition des conspirateurs qu'il prétendait exister dans la Convention nationale.

C'est à l'instant où ils ont commencé à soulever le voile de l'illusion de leurs propres mains, que nous l'avons saisi pour le déchirer entièrement, et que la Convention nationale a pu se prononcer. Il est notoire que dans cette séance du 8 thermidor aux jacobins, il y avait tant d'étrangers dans la salle que les corridors même en étaient remplis. Il est constant que ce furent les débats de cette séance qui achevèrent d'ouvrir les yeux des bons citoyens. On sait que ce fut alors que les Dumas et autres complices de Robespierre, levèrent enfin hautement l'étendard de la révolte.

A la séance du 8, Rovère m'invita de monter à la tribune aussitôt après le discours de Robespierre, d'y prononcer celui que nous avions concerté avec huit autres de nos collègues, et les chefs d'accusation qui en étaient la suite.

J'observai à Rovère que le discours de Robespierre , qui inculpait une partie des membres des deux comités, établissait nécessairement un conflit, une lutte entre ces deux puissances également oppressives de la convention ; que leur choc rendrait à la convention sa liberté, sa dignité et ses droits, quel que fût le parti qui triomphât;

Car il ne faut pas oublier que c'est de ce moment que le triumvirat formé de Robespierre, Saint-Just et Couthon, s'est enfin déterminé à lever hautement le masque, et que c'est même à l'occasion de cette séance, que Robespierre dit le soir aux Jacobins cette phrase: « vous frémiriez d'horreur, si vous saviez quels sont les hommes qui conspirent et les lieux où l'on conspire ».

A une époque où il n'y avait encore aucun de ces actes ostensibles et nécessaires pour démontrer une conjuration à l'opinion publique abusée, Robespierre fut mandé en présence des deux comités, pour rendre compte des motifs de son éloignement. Ce fut là, qu'appuyé fortement par Couthon et Saint-Just, comme celui-ci en convient dans son discours, Robespierre devint lui-même accusateur, et désigna nominativement les victimes qu'il voulait immoler. Il ne s'en tint pas là : il fit l'accusation des deux comités en entier et leur reprocha l'inexécution du décret qui ordonnait l'organisation de six commissions populaires pour juger les détenus.

Il faut que je te narre le plus précisément possible cette journée du 8 aux Jacobins :

Au commencement de cette séance, la société fut agitée d'un tumulte très violent : ainsi, moi, Collot d'Herbois et Robespierre demandaient la parole ; un grand nombre de voix la réclamaient avec force pour Collot d'Herbois ; on disait que Robespierre n'avait aucun droit à la préférence. Mais ceux qui voulaient que la parole fut accordée à Collot d'Herbois se trouvant en très petite minorité, et d'ailleurs ayant contre eux la défaveur et les murmures des tribunes, Robespierre a obtenu la parole. « Aux agitations de cette assemblée, a-t-il dit, il est aisé de s'apercevoir qu'elle n'ignore pas ce qui s'est passé ce matin à la Convention il est facile de s'apercevoir que les factieux craignent d'être dévoilés en présence du peuple. »

Javogues s'écrie : Nous ne sommes ni factieux ni conspirateurs, mais nous ne voulons point de dominateur aux Jacobins. « Au reste, continue Robespierre, je les remercie de s'être signalés d'une manière aussi prononcée et de m'avoir mieux fait connaître mes ennemis et ceux de la patrie ».

Après ce préambule, Robespierre a lu le discours qu'il avait prononcé le matin à la Convention.

« Frères et amis, c'est mon testament de mort que vous venez d'entendre. Mes ennemis ou plutôt ceux de la République sont tellement puissants et tellement nombreux que je ne puis me flatter d'échapper longtemps à leurs coups. Jamais je ne me suis senti plus ému en vous parlant, car il me semble que je vous adresse mes adieux.

Quoi qu'il arrive, ma mémoire sera toujours honorée de vos cœurs vertueux. C'en est assez pour moi ; mais ce n'est pas assez pour la chose publique.

Vous contenterez-vous de me plaindre ? Ne saurez-vous pas me défendre ou me venger ? C'est vous qui avez mis par vos exemples toutes les vertus à l'ordre du jour, avant que la Convention les ait appelées par ses décrets. Voici le moment de les mettre à l'épreuve.

Robespierre à la tribune du club des Jacobins le 8 thermidor an II (26 juillet 1794). Gravure d'Auguste Dutillois d'après un dessin d'Auguste Raffet, Paris, musée Carnavalet, 1834.

N'êtes-vous pas ces mêmes jacobins qui avez répondu par de continuelles et courageuses victoires aux complots d'une cour perfide, aux menaces et aux armées de Léopold, de Brunswick, de Pitt et de Cobourg ? Ah ! loin d'avoir besoin d'exciter votre ardeur, je sens que mon devoir est de la contenir. Non que je vous excite à ménager jamais les fripons et les scélérats, auxquels je viens de déclarer une guerre intrépide. Veillez pour les punir, pour presser leur supplice ; mais sachez comme au 31 mai, séparer les traîtres des hommes faibles et lâches qui leur prêtent un imprudent appui ... Si vous me secondez, les traîtres auront subi dans quelques jours le sort de leurs devanciers. Si vous m'abandonnez, vous verrez avec quel calme je sais boire la ciguë ».

« Je la boirai avec toi, s'écrie le peintre David ».

Ce discours a produit un effet prodigieux. La vérité des faits qu'il renferme n'a point paru douteuse ; des applaudissements universels, un enthousiasme général, des acclamations souvent répétées l'ont couronné. Les tribunes surtout ont signalé leur indignation contre la portion de la société qui semblait ne point accueillir le discours. Au milieu de cette ferveur et de cette indignation du peuple, le terrible Dumas, président du tribunal révolutionnaire, est monté à la tribune. Il a dit que la conspiration n'était pas douteuse, que le gouvernement était contre-révolutionnaire et puis s'adressant à nous qui au commencement de la séance avaient disputé la parole à Robespierre :

« Il est étrange, a-t-il dit, que des hommes qui depuis plusieurs mois ont gardé le silence, demandent aujourd'hui la parole, pour s'opposer sans doute à l'émission des vérités foudroyantes que Robespierre vient de faire retentir ; il est facile de reconnaître en eux les héritiers d'Hébert et de Danton ; ils seront, je le leur prophétise, héritiers aussi du sort de ces conspirateurs.»

Collot d'Herbois se présente ensuite à la tribune, il est couvert de huées, de défaveur et de murmures ; Il parvint pourtant à reprendre la parole pour faire entendre qu'il soupçonne les intentions de Robespierre ; que celui-ci aurait dû communiquer au gouvernement les faits qui sont dans son discours avant de les dénoncer au Peuple ; que ce dernier parti n'eût été plausible que dans le cas où les deux comités n'auraient point voulu corriger leur erreur ; qu'au reste Robespierre aurait retranché bien des choses de son discours, s'il n'avait cessé de venir au comité de Salut public depuis plus de quatre décades. Il a fini en demandant que le discours de Robespierre fût mis à l'ordre du jour, pour être dorénavant l'objet des discussions de la société.

Cette proposition est très mal accueillie. En vain Collot rappelle les services qu'il a rendus à la Révolution, en vain il rappelle les dangers qu'il a courus, et Lamiral dirigeant sur sa poitrine ses deux pistolets.

Plus il parlait, plus l'orage de l'indignation populaire tonnait contre lui. Je frémissais : « Je ne reconnais plus les Jacobins, dis-je, dans une société où l'on insulte un Représentant du peuple qui rappelle qu'il a manqué de périr victime de son patriotisme. Quand les choses en sont là il n'y a plus qu'à s'envelopper la tête de son manteau et attendre les poignards !»

Les menaces, les cris et le tumulte des tribunes se dirigent alors contre moi et m'empêchent de parler plus longtemps. Collot d'Herbois est obligé de descendre de la tribune ; sa voix émue, sa physionomie, ses gestes, tout peint en lui la douleur la plus profonde et le désespoir le plus pénétrant. Inutilement je réclame avec énergie la parole, inutilement je présente aux cris des tribunes et aux murmures de la Société un front où se peignent l'audace et la fureur ; il m'est impossible de parler autrement que par des gestes brusques et menaçants. Je dénonçais en criant, au travers du fracas et des cris, les erreurs où Robespierre avait été entraîné, j'appuyais la proposition de Collot d'Herbois.

Un bruit affreux grondait dans toute la salle « A la guillotine ; à la guillotine ! »; mais à la voix de Couthon qui demande la parole, un silence profond mêlé d'applaudissements et de cris de bénédiction succède au bruit.

« Citoyens, dit-il, je suis convaincu de la vérité des faits énoncés par Robespierre. — Et nous aussi, répondent mille voix. — Mais je crois qu'on ne saurait y jeter trop de lumière, car c'est la plus profonde des conspirations qui ont eu lieu jusqu'à présent. — Oui, Oui. — Il est certain, qu'il y a des hommes purs dans les comités, mais il n'est pas moins certain qu'il y a des scélérats dans ces mêmes comités. Eh bien !

moi aussi, je demande la discussion non pas du discours de Robespierre, mais de la conspiration ; nous les verrons paraître à cette tribune, les conspirateurs ; nous les examinerons, nous verrons leur embarras, nous retiendrons leurs réponses vacillantes ; ils pâliront en présence du Peuple, ils seront convaincus et ils périront. »

Les marques d'un assentiment général éclatent dans toute la Salle. La proposition de Couthon est mise aux voix et adoptée.

Les applaudissements redoublent, les chapeaux sont agités en l'air, tout le monde dans la salle et dans les tribunes est debout, un seul cri retentit de toutes parts : les conspirateurs à la guillotine ! Cependant une partie de la Société demeurait immobile, au milieu de cette scène d'enthousiasme. Cette immobilité ranime l'indignation du Peuple : il menace, il tonne, il frémit de nouveau : les menaces sont renvoyées avec fureur. Une partie de la Société s'écrie que le Peuple est fanatisé, que l'oppression est au comble.

A moitié étouffés, Collot et moi nous nous frayèrent un chemin vers la sortie en compagnie de quelques fidèles qui désapprouvaient l'attitude de la majorité.

Nous regagnâmes le pavillon de Flore où Collot, arrivé le premier, interpella très violemment Saint-Just, occupé à rédiger le discours qu'il devait prononcer le lendemain au nom du Comité. Sous les injures de Collot, Saint-Just fit front et se vanta de préparer son acte d'accusation, ainsi que celui de Carnot. Aussitôt je me joignis à tous mes collègues présents pour accabler Saint-Just que Collot paraissait sur le point de fouiller. Indigné, celui-ci se dégagea et étala avec mépris le contenu de ses poches. Décontenancés, nous revinrent alors à de meilleurs sentiments.

Saint-Just en effet avait assisté au débat de l'après- midi sans y prendre part et que la trêve, que Robespierre venait de rompre sans préavis, était en grande partie son œuvre ? Et Saint-Just, pour garant de sa bonne foi, nous promit de nous soumettre son discours avant de monter à la tribune.

Voilà maintenant ce qui se passa le lendemain 9 thermidor à la Convention : Saint-Just sortit son discours qui contrairement à sa promesse ne nous avez pas été soumis.

Collot d'Herbois chassé du club des Jacobins, le soir du 8 thermidor an II. Gravure d'Alfred Johannot.

Robespierre décrété d'accusation par la Convention nationale le 27 juillet 1794, toile de Max Adamo, Berlin, 1870.

« Je ne suis d'aucune faction ; je les combattrai toutes. Elles ne s'éteindront jamais que par les institutions qui produiront les garanties, qui poseront la borne de l'autorité et feront plonger sans retour l'orgueil humain sous le joug de la liberté publique. Le cours des choses a voulu que cette tribune aux harangues fût peut-être la Roche Tarpéienne pour celui qui viendrait vous dire que des membres du gouvernement ont quitté la route de la sagesse. ... Vos comités de Sûreté générale et de Salut public m'avaient chargé de vous faire un rapport sur les causes de la commotion sensible qu'avait éprouvée l'opinion publique dans ces derniers temps. La confiance des deux comités m'honorait, mais quelqu'un cette nuit a flétri mon cœur, et je ne veux parler qu'à vous ».

Il parlait de moi.

« ... Billaud annonçait son dessein par des paroles entrecoupées, tantôt c'était le mot de Pisistrate qu'il prononçait et tantôt celui de danger. Il devenait hardi dans les moments où, ayant excité les passions, on paraissait écouter ses conseils. Mais son dernier mot expira toujours sur ses lèvres, il hésitait, il s'irritait, il corrigeait ensuite ce qu'il avait dit hier, il appelait tel homme absent Pisistrate, aujourd'hui présent, il était son ami. Il était silencieux, pâle, l'œil fixe, arrangeant ses traits altérés. La vérité n'a point ce caractère, ni cette politique... »

Tallien l'interrompt : « Hier un membre du gouvernement s'en est isolé et a prononcé un discours en son nom particulier ; aujourd'hui, un autre fait la même chose. Je demande que le rideau soit entièrement déchiré ! »

Grand tumulte. J'escalade la tribune et interromps Tallien. Je demande alors la parole pour une motion d'ordre. « Hier la Société des Jacobins, dis je, était remplie d'hommes apostés, puisque aucun n'avait de carte ; on a développé dans cette Société l'intention d'égorger la Convention nationale. (Il s'élève un mouvement d'horreur).

Hier, j'y ai vu des hommes qui vomissaient ouvertement les infamies les plus atroces contre ceux qui n'ont jamais dévié de la révolution.

Je vois sur la Montagne un de ces hommes qui menaçaient les représentants du peuple. Le voilà ...

(De toutes parts on s'écrie : Arrêtez le ! Arrêtez le ! L'individu est saisi et entraîné hors de la salle au milieu des plus vifs applaudissements).

Le moment de dire la vérité est arrivé ... Je m'étonne de voir Saint-Just à la tribune après ce qui s'est passé. Il avait promis aux deux comités de leur soumettre son discours avant de le lire à la Convention, et même de le supprimer s'il leur semblait dangereux.

L'assemblée jugerait mal les événements et la position dans laquelle elle se trouve, si elle se dissimulait qu'elle est entre deux égorgements. Elle périra si elle est faible. » (Non, non ! s'écrient tous les membres en se levant à la fois et agitant leurs chapeaux. Les spectateurs répondent par des applaudissements et des cris de vive la Convention ! vive le comité de Salut public !). Lebas demande la parole ; on lui observe qu'elle appartient à Billaud-Varenne ; il insiste et cause du trouble.

Delmas demande que Lebas soit rappelé à l'ordre. Cette proposition est décrétée. Lebas insiste de nouveau. Tous les membres : Qu'il obéisse au décret, ou à l'Abbaye.

Je reprends la parole. Je demande moi-même que tous les hommes s'expliquent dans cette assemblée. « On est bien fort quand on a pour soi la justice, la probité et les droits du peuple. Vous frémirez d'horreur quand vous saurez la situation où vous êtes, quand vous saurez que la force armée est confiée à des mains parricides; quand vous saurez que le chef de la garde nationale a été dénoncé au comité de Salut public par le tribunal révolutionnaire comme un complice d'Hébert et un conspirateur infâme. Vous frémirez d'horreur quand vous saurez que ceux qui accusent le gouvernement de placer à la tête de la force armée des conspirateurs et des nobles, sont ceux qui nous ont forcé la main pour y mettre les seuls nobles qui y existent ; et Lavallette, conspirateur à Lille, en est une preuve.

Vous frémirez quand vous saurez qu'il est un homme qui, lorsqu'il fut question d'envoyer des représentants du peuple dans les départements, ne trouva pas sur la liste qui lui fut présentée vingt membres de la Convention qui fussent dignes de cette mission. (L'assemblée murmure d'indignation).

Je dirai plus, on s'est plaint que les patriotes étaient opprimés. Certes, vous aurez une bien étrange idée de la dénonciation quand vous saurez que celui de qui elle part a fait arrêter le meilleur comité révolutionnaire de Paris, celui de la section de l'Indivisibilité, quoiqu'il n'y eût que deux de ses membres qui fussent dénoncés. (Nouveaux murmures).

Quand Robespierre vous dit qu'il s'est éloigné du comité parce qu'il y était opprimé, il a soin de ne pas vous faire tout connaître ; il ne vous dit pas que c'est parce qu'ayant fait dans le comité sa volonté pendant six mois, il y a trouvé de la résistance au moment où, seul, il a voulu faire rendre le décret du 22 prairial ; ce décret qui dans les mains impures qu'il avait choisies, pouvait être si funeste aux patriotes. (Les murmures d'indignation continuent). Sachez, citoyens, qu'hier le président du tribunal révolutionnaire a proposé ouvertement aux Jacobins de chasser de la Convention tous les hommes impurs, c'est-à-dire tous ceux qu'on veut sacrifier; mais le peuple est là, et les patriotes sauront mourir pour sauver la liberté (Oui, oui ! s'écrient tous les membres. - Vifs applaudissements).

Je le répète, nous mourrons tous avec honneur, car je ne crois pas qu'il y ait ici un seul représentant qui voulût exister sous un tyran. (Non, non ! s'écrie-t-on de toutes parts; périssent les tyrans ! - Les applaudissements se prolongent). Les hommes qui parlent sans cesse de justice et de vertu à la Convention ou aux Jacobins, sont ceux qui la foulent aux pieds quand ils le peuvent ; en voici la preuve. Un secrétaire du comité de Salut public avait volé 114,000 livres. J'ai demandé son arrestation, et Robespierre, qui parle sans cesse de justice et de vertu, est le seul qui l'ait empêché d'être arrêté. (Nouveau mouvement d'indignation). Il est, citoyens, mille autres faits que je pourrais citer ; et c'est nous qu'il accuse ! Quoi ! des hommes qui sont isolés, qui ne connaissent personne, qui passent les nuits et les jours au comité de Salut public, qui organisent les victoires, ces hommes seraient des conspirateurs ! et ceux qui n'ont abandonné Hébert que quand il ne leur a plus été possible de le favoriser seront des hommes vertueux ! La première fois que je dénonçai Danton au comité, Robespierre se leva comme un furieux, en disant qu'il voyait mes intentions, que je voulais perdre les meilleurs patriotes. Tout cela m'a fait voir l'abîme creusé sous nos pas. Il ne faut point hésiter à le combler de nos cadavres ou à triompher des traîtres. On voulait détruire, mutiler la Convention, et cette intention était si réelle qu'on avait organisé un espionnage des représentants du peuple qu'on voulait égorger. Il est infâme de parler de justice et de vertu quand on les brave et quand on ne s'exhale que lorsqu'on est arrêté ou contrarié. »

Robespierre s'élance à la tribune. Un grand nombre de voix : A bas, à bas le tyran !

Je continue : « Les hommes que la Convention vient de frapper ne sont pas ceux qui méritent le plus son indignation. Il est un nommé Boulanger, conspirateur avec Hébert, qui s'est ouvertement prononcé, à l'époque de la conspiration de celui-ci, aux Cordeliers. Cet homme a aussi conspiré avec Dumouriez ; il était l'ami de Danton ; et c'est Dumas qui l'avait jeté hier au milieu des Jacobins pour empêcher Collot d'Herbois de parler. C'est ce Dumas qui, après avoir ameuté des contre-révolutionnaires, voulait faire regarder Collot comme un conspirateur, afin qu'il ne put déchirer le voile ; ce Dumas, dont toute la famille est émigrée, qui est accusé d'avoir soupé avec son frère la veille de son émigration, et contre lequel il y a au Jacobins des preuves de la perfidie la plus atroce ! Je demande donc l'arrestation de Dumas, de Boulanger, de Dufrenne. »

L'arrestation est décrétée. (On applaudit).

Dans le vacarme et la confusion, Delmas demande l'arrestation d'Hanriot et de son état-major, ainsi que du président du Tribunal révolutionnaire. Cette fois, Robespierre veut absolument parler. Il monte à la tribune, il en est empêché par les mêmes cris. Collot donne alors la parole à Barère qui fait voter un décret ôtant à Hanriot le commandement de la Garde nationale. Vadier lui succède à la tribune et revient sur l'affaire Théot.

Tallien, qui veut en finir, demande qu'on « ramène la discussion à son vrai point ». Robespierre tente d'intervenir, de nouveau les huées des députés couvrent sa voix. Tallien reprend son réquisitoire. Robespierre veut avoir la parole et s'insurge : « Pour la dernière fois, président d'assassins, je te demande la parole ».

« Tu n'auras la parole qu'à ton tour » répond Thuriot qui a remplacé Collot à la présidence.

Louis Louchet, député montagnard et dantoniste de l'Aveyron, demande le premier un décret d'arrestation contre Robespierre. Hâtivement le président met la motion aux voix et la déclare aussitôt votée à l'unanimité. Louvet demande que la motion vaille aussi pour Couthon et Saint-Just. Augustin Robespierre et Le Bas demandent à partager leur sort. Barère monte à nouveau à la tribune avec un décret proposé par le comité de Salut public :

il comporte l'arrestation des deux Robespierre, Saint-Just, Couthon, Le Bas, ainsi que de Dumas, Hanriot, Boulanger, Lavalette, Dufresse, Daubigny et Sijas.

Les députés arrêtés sont conduits au comité de Sûreté générale aux environs de quatre heures de l'après-midi.

Et le soir aux Jacobins : Après la lecture de la correspondance, vers les huit heures du soir, la Société étant très nombreuse et les tribunes remplies de citoyens et de citoyennes de tous les quartiers de la ville, on demande qu'un membre de la Convention rende compte de la séance du jour. Chasles, député du département d'Eure-et-Loir, blessé au siège de Lille, monte à la tribune avec ses béquilles ; il entreprend de rendre ce compte : « Des intrigants, des contre-révolutionnaires, vêtus du manteau du patriotisme, voulaient assassiner la liberté : la Convention a décrété qu'ils seraient mis en arrestation; ces représentants sont Robespierre, Couthon, Saint-Just, Lebas, Robespierre jeune. »

Chasles termine enfin son rapport et descend de la tribune au milieu des murmures et des huées de presque tous les membres de la Société et des citoyens des tribunes. Un secrétaire propose d'appeler à la tribune chaque Représentant du Peuple ici présent et de l'interpeller sur son vote, pour ou contre le décret de ce jour.

Cette proposition est adoptée par la grande majorité de la Société et aux acclamations unanimes des tribunes. Brival se présente le premier à l'interpellation. Vivier, président par intérim (en l'absence d'Elie Lacoste) se conformant à l'arrêté de la Société, demande à Brival comment il a voté dans le décret de ce jour contre Robespierre. Brival répond qu'il est étonné de la question que lui fait le président ; si la Société, ajoute-t-il, avait voulu entendre tranquillement le rapport de Chasles, elle n'aurait point accédé à la proposition d'interpeller chaque député. Chasles vient de vous dire que toute la Convention s'était levée contre Robespierre. Si vous suivez rigoureusement votre arrêté, il vous faudra expulser de votre sein tous les députés que vous y avez admis, car ils ont tous voté contre Robespierre. Pour moi, qui ai toujours voté dans le sens de la Montagne, à l'Assemblée législative et à la Convention, j'avoue que j'ai voté pour l'arrestation de Robespierre ; j'ai fait plus, je suis un de ceux qui l'ont provoquée, et comme secrétaire, je me suis empressé d'expédier et de signer le décret. L'observation et la réponse de Brival sont mal reçues dans le tumulte qui domine la Société.

A bas, à bas, qu'on le chasse, qu'il sorte, crie-t-on de toutes parts.

Brival descend de la tribune, couvert de huées et d'injures ; il dépose sa carte, on le pousse à la porte, il sort. Peu après, un membre fait quelques observations judicieuses sur la proposition d'interpeller les Représentants du Peuple sur le décret de ce jour contre Robespierre, elles sont écoutées favorablement et l'arrêté est rapporté à l'unanimité. On nomme un commissaire pour remettre à Brival sa carte d'entrée. Cependant la Société, inquiète sur le sort de Robespierre, Saint-Just et Lebas, se déclare en permanence. Le Président lit une lettre qui lui est adressée par le comité de Sûreté générale et qui demande que la société des Jacobins lui envoie à l'instant la copie manuscrite du discours que Robespierre a lu hier au soir à la tribune de la Société.

Vivier consulte la Société sur la réponse qu'il doit faire ; les uns sont d'avis de passer à l'ordre du jour sur la demande du comité de Sûreté générale qui, suivant eux, n'a pas le droit d'ôter ou de se faire communiquer par force les papiers de la Société ; les autres, et c'est le plus grand nombre, pensent qu'il faut répondre que la Société n'a point le dernier discours de Robespierre. En effet, il était déposé entre les mains de l'imprimeur Nicolas. La Société arrête que son président répondra au Comité qu'elle n'a plus en son pouvoir le discours de Robespierre.

A neuf heures et demie, un membre arrive précipitamment, se place près du bureau et dit : « Citoyens, je vais vous annoncer une bonne nouvelle ».

Il se fait alors un grand silence dans l'Assemblée : « Citoyens, les canonniers avec leurs canons entourent en ce moment le comité de

Salut public ; ils sont précédés des magistrats et suivis d'un peuple nombreux. Les magistrats redemandent au comité, au nom du Peuple et de la Loi, la liberté de Robespierre, de Couthon, Lebas et Saint-Just. »

A ces paroles, les cris de Vive la Liberté ! Vive la République ! éclatent dans toute la salle et dans les tribunes ; les chapeaux sont agités en l'air, les applaudissements des pieds et des mains, les signes de la joie la plus vive et la plus bruyante, se prolongent pendant plusieurs minutes. Ce fut alors que des commissaires furent nommés pour aller fraterniser avec la Commune, que d'autres commissaires furent envoyés dans les sections pour remplir la même mission. La Commune décidait alors notre arrestation, moi même, Collot, Amar, Bourdon, Dubarran, Fréron, Tallien, Panis, Carnot, Dubois-Crancé, Vadier, Javogue, Fouché, Granet, Bayle.

Dans la nuit, une députation de la Commune arrive aux Jacobins. Elle déclare qu'il n'y a plus de comité de Salut public. C'est la Commission des Douze. Quant au Conseil de la Commune, on l'appellera le Conseil général du 10 août. « Le peuple est à son poste. La cloche de la liberté sonne ».

Les Jacobins se rendent à l'invitation de la Commune, qui va ainsi avoir avec elle toutes les forces révolutionnaires, insurgées contre la Convention. C'est à cet instant, alors que la séance était levée et que les portes restaient ouvertes que Legendre, dans le but de brûler la cervelle à Vivier, fit son entrée au club avec dix hommes ; n'y trouvant presque personne, il en fit fermer les portes, saisit les clefs et alla les déposer à la Convention, puis au Comité.

La spontanéité de cette insurrection étonna Robespierre. Le mouvement n'avait pas été préparé et dirigé, comme au 10 août et au 31 mai, par un comité secret. Il n'en vit pas du premier coup l'étendue et la portée. Il s'aperçut trop tard qu'il avait pour lui les Jacobins et avec eux, la grande majorité des sections et la Commune.

Mais déjà l'insurrection était écrasée par les troupes de la Convention.

La nuit du 9 au 10 thermidor an II, gravure de Jean-Joseph-François Tassaert d'après Fulchran-Jean Harriet, Carnavalet, vers 1796.

Epilogue

Mon cher Colombel, que de visages ai-je encore en mémoire floutés par les ans et l'oscillation des bougies et des lanternes. Que de voix, de cris, de vociférations, dans ces bousculements de l'histoire. Avions-nous réussi ? Non, nous avons été manipulés par des événements que nous ne pouvions totalement contrôler. Le temps a été notre ennemi, mais la précipitation aussi. Nous donnions trop de place à la vertu dans cette nature humaine à laquelle nous croyons et cette révolution fut comme une flambée qui se voulait régénératrice. Mais peut-on construire sur des cendres ? Certes nous avons mis à bas la dictature des rois en installant la République mais combien de Danton et de Robespierre les remplacèrent et aujourd'hui cette royauté maudite étale à nouveau sur le peuple sa malfaisance.

On nous a accusé des pires forfaits contre la Révolution et l'humanité. J'ai affronté ces mensonges en lançant le défi d'un combat décisif. J'ai dit à mes calomniateurs :

« Vous ne triompherez pas. La Fayette et Robespierre, dont vont suivez exactement toutes les traces, étaient encore plus puissants que vous ; et leur règne s'est évanoui comme une ombre. Si vous avez l'effronterie du crime, nous avons l'assurance d'une conscience pure. Si les mensonges ne vous manquent pas pour nous noircir, rentrez en vous-mêmes, et songez que si l'on pouvait paraître répréhensibles pour avoir montré de la vigueur dans des temps d'orage, votre propre conduite deviendrait un tissu d'attentats. Et si des déclamations aussi vagues que virulentes qui peignent en traits hideux la révolution, autant pour en dégoûter le peuple, que pour que ces reflets odieux frappent sur des hommes, contre lesquels on ne peut trouver aucune preuve, sont des matériaux offerts à l'histoire ; il existe aussi un tableau impérissable de nos opérations pour la splendeur et la prospérité de l'état : ce sont les armées conduites à la victoire dans tous les points de la république par des plans de campagne qui ont jeté l'Europe dans l'admiration et la stupeur. C'est l'anarchie qui, après avoir si long temps fatigué et déchiré la France, est enfin remplacée par un ordre fixe et imposant. Ce sont les états majors épurés et la Vendée harcelée et vaincue. C'est une levée en masse, équipée, incorporée, et formant avec les autres défenseurs de la patrie douze armées toujours triomphantes : ce sont des ateliers d'armes, de salpêtre et de poudre qui font succéder l'abondance de ces objets à la plus affreuse pénurie ; c'est Landau débloqué, et les lignes de Wisembourg reprises, c'est Toulon enlevé d'assaut ; et toutes les autres villes de la république qui avaient été livrées par trahison, reconquises enfin, par la valeur de nos guerriers, si bien secondée par le patriotisme des Pichegru, des Jourdans, des Michaut, des Dugomier, qui ont remplacé les Custine, les Houchard, les Biron, et tant d'autres généraux perfides ; ce sont quinze cent mille hommes campés, et la nation, approvisionnés dans une année de disette ; ce sont des encouragements donnés aux découvertes les plus importantes, ce qui nous a valu le télégraphe, le ballon observateur, et quelques autres inventions non moins précieuses, et que l'intérêt public exige qu'on tienne encore secrètes ; ce sont, quoi qu'on en dise, tous les projets favorables aux arts accueillis avec empressement, et plus de cinquante arrêtés qui l'attestent ; c'est une correspondance liée avec les États-Unis de l'Amérique, et qui les a déterminés à se prononcer ouvertement pour la France ; c'est la marine tombée dans le plus grand dépérissement, et bientôt réparée, et mise en état, non seulement de faire de nombreuses et riches prises par des croisières savamment combinées, mais de se mesurer avec cette puissance orgueilleuse qui s'intitule la maîtresse des mers ; ce sont des expéditions militaires préparées, dont une seule a coûté plus de quatre mois de travail à celui qui s'en est occupé, et dont l'objet était de faire trembler la moderne Carthage jusques dans ses murs, c'est l'agiotage éteint ; et la monnaie nationale remontée au pair. Ce sont des projets de loi qui vous ont été présentés sur différents objets d'utilité publique, et particulièrement pour l'essai d'une éducation républicaine, à laquelle vous avez fait participer plus de trois mille cinq cent jeunes gens ; ce sont d'autres projets de décrets pour l'acquit du dédommagement dû aux familles des braves défenseurs de la patrie, et pour l'extinction de la mendicité. Vous savez, citoyens, qu'il n'y a pas une de ces opérations qui soit l'ouvrage des triumvirs, puisqu'elles appartiennent toutes à des sections de travail, dont ils n'étaient point chargés ; pas un de ces projets de décrets, pas un de ces arrêtés qui soit écrit de leur main ; à peine même y trouve-t-on leur signature … Oui, en marchant à l'échafaud, nous irions graver de notre sang en caractères ineffaçables cette devise républicaine : la liberté ou la mort, dans tous les cœurs qui ont conservé l'empreinte de la nature. … Et vous qui vous attribuez exclusivement tant de clémence ; si vous avez ouvert les prisons aux uns, dites-nous si elles ne se sont pas refermées sur beaucoup d'autres ? A la vérité, ceux -ci ne comptent pas autant pour leurs dénonciateurs, parce qu'ils n'ont d'autres titres que leur dévouement à la Patrie ; et c'est ce qui les a fait accuser d'être des terroristes et des buveurs de sang. Mais par qui ? par ceux qui prosternés naguère aux pieds du trône, les dénonçaient alors comme des factieux et des anarchistes. »

Nous, pauvres jacobins, qui avions châtié l'orgueil des rois, nous ne fûmes vaincus que par nos fautes et nos frères : alors nous fûmes jetés par eux aux flots de la mer en fureur, triste concession de l'ambition, de la cupidité et surtout de la peur. Je le répète : la révolution puritaine a été perdue le 9 thermidor ; depuis, combien de fois j'ai déploré d'y avoir agi de colère ! Pourquoi ne laisse-t-on pas ces intempestives passions, et toutes les vulgaires inquiétudes aux portes du pouvoir ?

Thermidor, au nom d'une soit-disant justice mise à l'ordre du jour, a gracié la Vendée et les royalistes et nous a envoyé en Guyane sans procès. Thermidor, malgré moi, a nié le salut public et remis les vérités philosophiques au rang de la métaphysique. Pour ma part, je n'ai jamais mis la clémence au rang des vertus. Rappelons Machiavel qui conseillait de se garder de faire mauvais usage de sa pitié.

La Révolution a été une mécanique aux rouages imperceptibles qui a écrasé les volontés les plus fortes d'asseoir les institutions civiles que le peuple désirait et méritait. Mes rapports en témoignent et pourtant le bonheur de l'humanité ne put bénéficier des mesures sociales que nous lui préparions. Comme des marionnettes que l'on range dans des caisses, se clôt cette tragédie de sang et de fureur.

Dans la série des tourments que j'ai subis, c'est encore l'imagination qui, après avoir été en grande partie la cause des maux que j'endurais, m'a présenté son remède ordinaire, c'est-à-dire l'espoir, inséparable de l'innocence immolée pour avoir tenu immuablement à ses devoirs, et qui lui promet dans l'avenir une justification éclatante, en égale proportion des revers qui l'auront accablée : cette espérance qui charme constamment les âmes bien nées, et sans laquelle la haine et les persécutions des pervers les réduiraient à ne pouvoir seulement pas compter sur la justice du ciel ; mais qui loin d'abandonner Socrate, en buvant la ciguë, lui certifia que le souvenir de ses vertus et de son nom serait immortel, comme la récompense qui attendait son âme.

Je murmurai alors ces paroles terribles du dialogue d'Euchrate et de Sylla :

« mes ossements, du moins, reposeront sur une terre qui veut la liberté ; mais j'entends la voix de la postérité qui m'accuse d'avoir trop ménagé le sang des tyrans d'Europe. »

Ce jour où je dois rendre le dernier soupir est si proche ; complètement réconcilié avec mon espèce, lorsque j'ai plus de remerciements que de reproches à lui faire, en descendant au tombeau, le cœur parfaitement exempt de tout motif et de tout vestige de ressentiment, on peut y tracer cette inscription, qui peint assez bien les vicissitudes de ma vie :

Sous ces palmistes, repose
Un ami de la vertu,
Qui de sa disgrâce fut cause,
Et qui sut lui donner plus qu'il n'avait perdu.

fauteuil de Couthon, musée Carnavalet

Postface

En choisissant la chaise de Couthon, pour clore ce livre, je traduis le ressenti que m'inspire ce grand événement qu'est la Révolution Française.

Une mécanique s'est enclenchée avec des impératifs qui ont dépassé les capacités de leurs initiateurs les conduisant à une issue tragique. Ainsi, sur des chemins divers et opposés, avancèrent-ils avec des injonctions, comme les cliquetis de la chaise, « il est temps de ... il faut que ... il est temps de … » souvent restées sans réponse.

J'ai plagié Billaud-Varenne pour lui rendre hommage, à lui, à son génie et à ses textes, ceux-ci n'ayant besoin de commentaire si ce n'est une lecture attentive. Ainsi ce sont ses mémoires, ses discours, ses rapports qui sont revisités en gardant cependant pour la plupart du texte les originaux de Billaud. Mon intention est sans comparaison avec un travail d'historien ou de philosophe que je ne suis pas. Comme a justement dit Jacques Bernet à propos du spectacle Danton – Robespierre au Chatelet, « faire un montage plus ou moins habile de vraies répliques et de fragments exacts de discours — matinées de mots imaginés par les auteurs des dialogues — ne saurait suffire à reconstituer l'histoire ».

C'est plutôt l'idée d'un scénario de film qui m'a guidé, un squelette sur lequel, je le sais, il faudrait y rajouter encore de la chair.

Billaud-Varenne mourut le 13 juin 1819 aux Mornes-Charbonnières devenues depuis Pétionville. Il fut enterré au cimetière Sainte Anne de Port au Prince. Sa tombe se trouvait à l'angle nord-ouest sous l'emplacement de l'église Sainte Anne construite en 1877. Dans ce cimetière à l'abandon furent aussi inhumés Victor-Thérèse Charpentier, Comte d'Ennery (1776), ancien gouverneur, Jean-Jacques Dessalines, empereur tyrannique et fondateur de l'indépendance d'Haïti, assassiné en 1806, Charlotin Mercadieu (1806), Dédée Bazile, dite Défilée la folle (1806?), héroïne de la révolution Haïtienne, François Xavier Elie Dubois (1874), déclaré « Père de l'instruction publique d'Haïti » et d'autres personnalités qui ont fait l'histoire d'Haïti. Les Haïtiens voudraient à l'instar du sacristain Jean-Louis Evens* restaurer ce lieu de souvenir. Une plaque commémorative portant l'épitaphe que Billaud-Varenne souhaitait, marquerait ainsi la mémoire et le respect que l'on doit à ce grand révolutionnaire injustement oublié.

Bibliographie

Livres :

G. Lenotre : Les massacres de Septembre – Ed. Texto – 2017
Jacques Guilaine : Billaud-Varenne l'ultra de la révolution – Ed. Fayard – 1969
Arthur Conte : Billaud-Varenne Géant de la Révolution – Ed. Olivier Orban – 1989
Françoise Brunel : Thermidor – La chute de Robespierre Ed. Complexe – 1989
Françoise Brunel : Principes régénérateurs du système social de Billaud-Varenne – P. de la Sorbonne-1993
Michel Biard : Collot d'Herbois, légendes noires et Révolutions – pul - 1995
Alejo Carpentier : Le siècle des Lumières -Ed. Folio – 1997
Patrice Gueniffey : La politique de la Terreur – Ed. Tel gallimard – 2003
Sophie Wahnich : La liberté ou la mort -Ed. La fabrique - 2003
Sophie Wahnich : La longue patience du peuple - Ed. Payot – 2008
Jean-Philippe Domecq : Robespierre, derniers temps – Ed. Folio histoire – 2011
Michèle Grenot: Le souci des plus pauvres - Dufourny, la révolution Française et la démocratie - PUR - Ed Quart Monde – 2015
François Boddaert : De la vertu, disparue des tribunes – Ed. Obsidiane – 2017
Jean-Clément Martin : Les Echos de la Terreur – Ed. Pocket – 2019
Thomas Primerano : Rééduquer le peuple après la Terreur – Ed. Books on Demand – 2020
Loris Chavanette : Quatre-vingt-quinze – la terreur en procès – Ed. Biblis – 2020
Alexis Corbière : Jacobins ! Les inventeurs de la République – Ed. Pocket – 2021

Articles :

Santhonax (Alphonse Aulard) : La politique de Billaud-Varenne - Journal la justice du 15 juin 1885
F-A. Aulard : recueil des actes du comité de Salut publique – tome XII et XIII - 1901
Marc Richir : Billaud-Varenne conventionnel législateur : la vertu égalitaire et l'équilibre symbolique des simulacres – Le Cahier - 1989
Myriam Revault D'Allonnes : Billaud-Varenne ou les malheurs de la vertu en politique – Le Cahier
Michel Biard : Les pouvoirs des représentants en mission sous la Convention – 1998
Françoise Brunel : Institutions civiles et Terreur - 2006
Nicole Perron : Le lion n'est pas mort quand il sommeille – Cahiers du mouvement ouvrier n°50 – 2011
Jacques Poumarède : Le débat sur l'égalité et la propriété : le projet de Billaud-Varenne - Presses universitaires du Midi, 2011
Françoise Brunel : Clore le gouffre de la Terreur – 2015
Bruno Decriem dans ARBR – Les Amis de Robespierre - 2021:
- Une lettre inédite de Billaud-Varenne, déporté en Guyane, à son père, Thermidor an VIII
- Pourquoi faut-il lire Billaud-Varenne ?
- Dernières justifications politiques publiques puis « remords » de Billaud-Varenne sur le 9 Thermidor
- Billaud-Varenne- Robespierre ou « le malentendu » de Thermidor.

Archives – BNF :

Billaud-Varenne :
- Discours du 29 juin 1792, du 10 février 1793
- Rapports du 1er Floréal an II et du 28 Brumaire an II
- Réponses à Laurent Lecointre
- Défense de Billaud-Varenne (Mémoire inédit)
- Mémoires inédits et correspondance **(Alfred Regis - 1893)**
- Principes régénérateurs du système social
- Les élémens du républicanisme

Collection historique de Ch. Renard – 1850 : Opuscules sur Billaud-Varennes

Dufourny de Villiers: Cahiers du Quatrième Ordre, l'Ordre sacré des infortunés - 1789

Joachim Vilate: Causes secrètes de la Révolution du 9 au 10 thermidor, Paris, s. n., an III [1794].

Ernest Hamel : Thermidor d'après les sources originales et les documents authentiques – 1897

Joseph Bon : La bataille d'Hondschoote en 1793 – généalogie et histoire du Dunkerquois - 1899

Journal de déportés en Guyane :
- de François Barbé de Marbois – 1797
- de Louis-Ange Pitou (voyages à Cayenne)
- de Laffon- Ladébat
- de l'adjudant général Ramel - 1799
- du général J. D. Freytag - 1824

des personnages cités peu ou mal connus dans l'historiographie
de la Révolution Française

Jacques-Nicolas Billaud-Varenne

Il est né à La Rochelle le 23 avril 1756. Fils d'un avocat, avocat lui-même, préfet de pension au collège des oratoriens à Juilly, il est le rédacteur de plusieurs brochures dénonçant la superstition et le " despotisme des ministres " et un orateur jacobin efficace. Il est l'un des premiers, au moment de la fuite du roi en juin 1791, à développer l'idée d'une République. Lors de l'insurrection du 10 août, il est membre de la Commune révolutionnaire de Paris puis est élu par la capitale à la Convention avec les principaux chefs de la Montagne, Robespierre, Danton et Marat. Sa brochure Les Éléments du républicanisme lui permet de développer en 1793 ses idées sociales et politiques et de résumer le programme des Montagnards. A la séance de la Convention du 5 septembre 1793, il soutient les revendications de la Commune de Paris portées par Hébert et Chaumette puis il entre au Comité de salut public avec Collot d'Herbois, en tant que porte-parole des revendications populaires. Plus-tard, il se prononce contre les Hébertistes puis contre Danton. Mais l'influence de Robespierre au sein du Comité de salut public l'inquiète. Il contribue à sa chute à Thermidor mais pour lui, la chute de Robespierre ne signifie pas la fin de la Révolution, au contraire. La réaction thermidorienne pourtant se focalise sur Billaud-Varenne, c'est ainsi qu'une commission d'enquête est chargée d'examiner sa conduite, ainsi que celles de Barère, Collot d'Herbois et Vadier. Billaud et Collot sont déportés en Guyane où Billaud vit en " Socrate " selon l'expression de Barbé-Marbois, rédigeant des Mémoires publiés en 1893 et dans lesquels il déplore les divisions de la Montagne. Il désavoue le coup d'Etat de Brumaire et refuse toute amnistie. Réfugié après 1816 à Saint Domingue (Haïti), il y meurt le 3 juin 1819.

Noël Colombel

Administrateur, écrivain et publiciste. Il est envoyé en France pour ses études, puis, de retour à Haïti en 1816, il devient le secrétaire particulier des présidents d'Haïti Alexandre Pétion puis Jean-Pierre Boyer. Il est membre de la commission d'instruction publique et directeur de lycée. Il est fondateur des journaux "L'Abeille haïtienne" en 1817 et "Le Propagateur haïtien" en 1822. - Il disparut lors du naufrage du Leviathan, parti du Port-au-Prince pour l'Angleterre le 20 mars 1823. Il portait, lors de ce naufrage, le dernier livre de Billaud-Varenne « Question du droit des gens ». Ce dernier y traitait de la question de la traite de l'esclavage des Africains en faisant l'histoire de la révolution de Saint Domingue jusqu'à son indépendance. Ce travail étant achevé peu avant la mort de Pétion, celui-ci le faisait imprimer, mais Boyer en fit cesser l'impression dès son avènement à la présidence. Colombel, ami et admirateur de Billaud recueillit le manuscrit et avait l'intention de le faire publier en France.

Guyane : sort des déportés

Les communications entre la France et la Guyane étaient difficiles. Outre l'inévitable traversée de l'Océan Atlantique : Le voyage de Billaud et de Collot d'Herbois, déportés avait duré plus de 45 jours (du 7 prairial au 18 messidor an II- 26 mai au 6 juillet 1795), la guerre contre l'Angleterre compliquait encore les trajets rendus peu sûrs. Le rôle du gouverneur de Guyane Jeannet (du 6 floréal an IV au 15 brumaire an VII-25 avril 1796 au 5 novembre 1798), un parent de Danton, est également à souligner, multipliant de nombreuses brimades à l'égard de Billaud-Varenne, parmi lesquelles la rétention de son courrier. Dans une brochure « Notes sur quelques passages du mémoire de Ramel » publiée rapidement en l'an VIII, Jeannet se défendit contre ces accusations de brimades à l'égard des déportés essentiellement royalistes et autres modérés à la suite du coup d'état du 18 fructidor an V-4 septembre 1797. Sur les déportés de germinal an III Jeannet écrit : « L'ami de Danton ne pouvait être ni celui de Collot ni celui de Billaud : mais si l'homme public n'est pas toujours impartial au fond de son cœur, il doit du moins se montrer comme tel ; et ce principe a constamment dirigé ma conduite avec Collot et Billlaud. » L'arrivée du nouveau gouverneur Victor Hugues, le 17 nivôse an VIII-6 janvier 1800, ancien accusateur public du tribunal révolutionnaire de Rochefort, ancien ami des Montagnards Lequinio, Laignelot et donc de Billaud-Varenne lui-même, améliora grandement les conditions d'existence de Billaud, et de nombreuses lettres de ses amis et de sa famille furent amenées de France par le gouverneur lui-même.

Dans un article fort documenté, Monique Pouliquen précise ces chiffres : en 1807, la Guyane comptait sur une population totale de 15 483 personnes 969 blancs et 1040 gens de couleurs libres, 13 474 noirs esclaves et relève 1311 nouveaux arrivants noirs de 1803 à 1807. (Source : Bruno DECRIEM)

Angélique

La femme de Billaud-Varenne se nommait Anne-Angélique Doye. Elle est née à Osnabrück en Westphalie en 1766. Billaud la présente ainsi à son père : « Des mœurs honnêtes, un caractère doux, une humeur toujours égale, l'âme la plus belle, voilà l'ensemble de celle que je chéris. […] Une constance de deux ans est la preuve que je ne changerai jamais. » (Bégis, 7-8.)

Ils se sont mariés le 12 septembre 1786 à Paris.

Le couple quitte la rue de Savoie et s'installe au numéro 43 rue Saint-André-des-Arts, au 4e étage, quartier populaire de Paris où se trouve notamment l'imprimerie de Marat. Ils y resteront jusqu'au jour fatidique du 12 germinal an III- 1er avril 1795, où Billaud-Varenne, déjà arrêté et assigné à résidence chez lui, sera transféré et enfermé au château-prison de l'île d'Oléron, dans des conditions difficiles et rocambolesques, avant la déportation vers la Guyane en prairial an III. Dans ce laps de temps, Angélique remue ciel et terre pour aider son mari, et envisage de le rejoindre dès que possible. A son beau-père, elle louange Billaud- excellent mari : « Je fais toujours toutes les démarches possibles pour me réunir à mon mari et j'espère réussir à partager son sort quel qu'il soit. Trop heureuse si je puis obtenir de rejoindre celui qui a fait mon bonheur pendant dix années. » (Lettre du 15 floréal en III-4 mai 1795, Bégis, 60.)

Elle revient sur l'injustice qui touche son mari, et le considère comme une victime calomniée, lui qui est « cette belle âme et pure, qui chérit autant sa patrie que sa famille. »

Elle avance une analyse politique de cette situation, ce qui est rare dans ses courriers : « Au surplus, ce sont là des événements inséparables des révolutions ; toujours les hommes qui les ont faites en ont été les victimes ; mais un jour viendra....et l'on distinguera l'innocent du coupable. »

Angélique doit quitter son domicile et même changer provisoirement de nom, devenu si décrié et calomnié, afin d'éviter les multiples désagréments et vexations qu'elle subit quotidiennement. Elle se fait appeler la citoyenne Galart, résidant à la maison du citoyen Pajou, sculpteur, en face du Louvre. Pourtant ses résolutions demeurent intactes. Elle écrit à Benjamin Billaud, le frère de Jacques-Nicolas, le 17 prairial an III-5 juin 1795 : « J'ai repris tout mon courage, et j'espère venir à bout de mes desseins. J'irai rejoindre mon mari, en quelque endroit du monde qu'il soit. » (Bégis, 71.)

Cinq ans plus tard, en 1800, Billaud-Varenne a renoncé à revenir en France, mais sollicite une aide de sa femme, pour l'aider à la transaction d'achat de son domaine d'Orvilliers. Entre-temps et sans que Billaud soit informé, Angélique au bord de la misère, accepta une proposition de mariage d'un riche armateur américain, Harry Johnson, après que soit prononcé le divorce. Il était vieux, disait-il, et pourrait ainsi lui léguer sa fortune dont Billaud profiterait. En effet, c'était un fervent admirateur du révolutionnaire. Billaud en fut mortifié et refusa toutes les lettres qu'Angélique continuait à lui envoyer ainsi que toute aide.

Angélique mourut à Paris en 1815.

Virginie

De son vrai prénom Brigitte, c'était une jeune noire de Guadeloupe que Billaud avait acheté à son ami Suisse Siegert pour lui rendre la liberté alors que ce dernier était à Cayenne. Par son énergie et sa douceur, elle conquit rapidement le cœur de Billaud lui apportant le réconfort d'une présence amie qui lui faisait tant défaut. Elle le suivit à la ferme d'Orvilliers et se consacra aux travaux de la terre. La vie de Billaud semble s'être écoulée paisiblement avec Virginie, son chien Patience et ses perroquets. Virginie le suivit aux Etats-Unis puis à Haïti, d'abord à Port-au-Prince et quelques jours avant sa mort aux Mornes Charbonnières. Billaud lui légua ses biens qu'il avait hors métropole.

Victor Hugues

Jean-Baptiste Victor Hugues est né à Marseille la 20 juillet 1762 et il est mort à Cayenne le 12 août1826. Administrateur colonial il gouverna la Guadeloupe de 1794 à 1798, puis la Guyane de 1799 à 1809 et participa à l'application de l'abolition de l'esclavage à la Guadeloupe, puis à son rétablissement en Guyane.

Menant une vie de planteur à Saint-Domingue jusqu'à la Révolution haïtienne, il devient franc-maçon, et imprime un journal aux accents révolutionnaires dès les débuts de la Révolution, puis rentre en métropole en 1791, et monte à Paris, où il s'intègre par l'intermédiaire des loges maçonniques aux milieux jacobins de la capitale.

Il est nommé, en 1793, accusateur public au tribunal révolutionnaire de Rochefort puis de Brest. Il est désigné par la suite commissaire de la République à la Guadeloupe par la Convention nationale en 1794.

Son passé en tant que marin en fait un homme tout désigné pour défendre les idées révolutionnaires dans les colonies. Les colonies reprises aux Britanniques, il autorisa les corsaires français à attaquer la flotte américaine.

Quelques mois d'une paix relative règnent, acquise au prix de l'application de la Terreur et du travail forcé des anciens esclaves, période au cours de laquelle les royalistes sont pourchassés, des centaines de Blancs créoles guillotinés et leurs habitations réquisitionnées.

Victor Hugues est nommé en 1799 gouverneur de la Guyane. En effet, comme à la Martinique, les planteurs de Guyane ont cherché à se soustraire à l'abolition de l'esclavage en recherchant l'alliance de l'Angleterre, mais la Guyane reste française.

Le 6 janvier 1800, il fait son arrivée à Cayenne à bord de La Sirène. Usant des mêmes techniques qu'à la Guadeloupe, il remet en marche les industries locales et tient les planteurs sous sa coupe. Il établit le travail forcé.

En 1809, n'ayant pu contenir l'invasion de la Guyane par les Portugais venus du Brésil, il quitte précipitamment Cayenne et rentre à Bordeaux. Accusé de trahison et d'incapacité, il est assigné à résidence jusqu'en 1814 et, finalement, acquitté. Reparti pour Cayenne, il s'y établit comme planteur et y meurt le 12 août 1826.

Victor Hugues est le protagoniste principal du roman d'Alejo Carpentier « Le siècle des Lumières »

« Il s'honore de l'athéisme, qu'il ne professe qu'extérieurement. Au reste, il a un jugement sain, une mémoire sûre, un tact affiné par l'expérience : il est (...) administrateur sévère, juge équitable et éclairé quand il n'écoute que sa conscience et ses lumières. C'est un excellent homme dans les crises difficiles où il n'y a rien à ménager. Autant les Guadeloupéens et les Rochefortains lui reprochent d'abus de pouvoir et d'excès révolutionnaire que la bienséance et l'humanité répugnent retracer, autant les Anglais (j'en suis témoin) donnent d'éloges à sa tactique et à sa bravoure. » (Ange Pitou)

Jean-Marie Collot d'Herbois

Né à Paris le 19 juin 1749 et mort en déportation à Cayenne le 8 juin 1796.

Acteur et auteur de pièces de théâtre, directeur de théâtre, il fut élu député à la Convention (1792) où il appuya toutes les mesures de terreur. Membre du Comité de salut public (1793-1794), Président de la Convention (juillet 1794), il contribua à la chute de Robespierre, mais fut déporté en Guyane après l'insurrection du 12-Germinal (1er avril 1795). Il parle bien et ses discours inspirent l'attention si ce n'est l'effroi. Il adopte la plus part des idées de Marat. Même les plus radicales. Ainsi, il loue les massacres de Septembre et les appelle aux Jacobins « le grand article du Credo de notre liberté » (5 novembre 1792). Il vota dans le procès de Louis XVI la mort sans sursis.

La Convention lui confia plusieurs missions mais il se distingua surtout par la violence des répressions qu'il exerça avec Fouché à Ville-

Affranchie (Lyon), le 9 brumaire an II. Et cependant, il était capable, à l'occasion, de clémence, de sagesse, de magnanimité.

Il fut avec Billaud-Varenne parmi les membres les plus actifs du comité de Salut public où, ensemble, ils étaient plus particulièrement chargé de la correspondance.

Il présida la Convention pendant une partie de cette séance fameuse de Thermidor et contribua à la chute de Robespierre. Il subit comme Billaud-Varenne la « guillotine sèche » sans jugement de la part des Thermidoriens et mourut peu après son arrivée en Guyane.

Général Pichegru

Né le 16 février 1761 aux Planches-près-d'Arbois

Il fait ses premières études au collège d'Arbois et sa philosophie à l'école militaire de Brienne en Saône et Loire et devient répétiteur au collège militaire de cette même commune où il donne des leçons à Napoléon Bonaparte. A partir de 1789, sa carrière militaire évolue rapidement : Commandant d'un bataillon de volontaires du Gard, Général de Brigade, Général de division, commandant en chef de l'armée du Rhin et général en chef de cette même armée du Rhin. Il commanda la troupe chargée de mener Barrère, Billaud-Varenne et Collot d'Herbois à l'île d'Oléron.

Quelques relations ou trahisons plus tard, Pichegru est arrêté et condamné à être déporté en Guyane. Après son évasion, il rejoint Londres puis l'Allemagne. Quelques années plus tard, il participe au débarquement en Normandie (1804) mais livré par l'un de ses anciens officiers, il est arrêté et emprisonné dans la prison du temple à Paris. Le lendemain matin il est retrouvé pendu dans sa cellule.

Certains diront que l'armée l'avait sublimé mais que la politique l'aura perdu.

Bourdon de l'Oise

Né le 11 janvier 1758 au Rouy-le-Petit (Somme). Procureur au parlement de Paris, il est vite attiré par le mouvement révolutionnaire et aurait pris part à la prise de la Bastille et aux combats du 10 août. Après s'être rangé du coté des Girondins, il passe dans les rangs de la

Montagne où il se montre un député très remuant et se fait remarquer à la tribune par des motions tapageuses et outrancières. Il voit des traîtres partout, se querelle avec ses collègues et attire les foudres de Robespierre. Ce dernier accusant à la tribune « quelques intrigants plus méprisables que les autres », Bourdon répond se sentant accusé : « jamais il n'est entré dans mon intention de vouloir me faire chef de parti ! ». La réplique de Robespierre est foudroyante : « je n'ai pas nommé Bourdon; malheur à qui se nomme lui-même ! ». Le 9 thermidor, Bourdon se rallie aux conspirateurs et sous la Convention thermidorienne, il poursuit de sa haine les derniers montagnards, demandant la déportation de Collot d'Herbois, Billaud-Varenne et Barère. Adoptant une attitude réactionnaire, voire royaliste, il est arrêté et déporté en Guyane où il rejoint Billaud à Sinnamary et meurt peu après son arrivée le 22 juin 1798.

Rovère

Né en 1748 à Bonnieux dans une famille aisée. Il entra dans les mousquetaires du roi. Il se donna un titre de noblesse. Celui qui se disait marquis de Fontvieille dilapida la fortune de sa femme, une riche héritière. Député du Vaucluse, il siégea à la Convention et remplit plusieurs missions notamment en Provence, ce qui lui permit de régler quelques comptes personnels. Excessif dans ses propos il fut l'un des inspirateurs de la réaction thermidorienne. Après le coup d'état du 18 fructidor, il fut déporté en Guyane où il mourut peu de temps après Bourdon le 11 septembre 1798.

Fabre d'Eglantine

Né à Carcassonne le 21 juillet 1750. Après de brillantes études, il voyagea en tant que comédien, menant une vie facile à la recherche d'aventures galantes. C'est en 1780 qu'on lui doit quelques pièces de théâtre et romances dont la célèbre « il pleut, il pleut, bergère, ... ». En 1785, il obtient la direction du théâtre de Nîmes.

S'enthousiasmant dès le début pour la Révolution il en propage les principes, ce qui lui attire la faveur du public Il écrit et joue plusieurs pièces souvent médiocres et devient membre des Cordeliers où il se lie d'amitié avec Danton. Il fait aussi partie du club des Jacobins. Pourtant Saint-Just l'avait percé à jour et signalait : « il avait eu, avant le 10 août ; des intelligences avec la cour ; il se prétendait le confident de toutes les intrigues des Tuileries ; beaucoup de gens lui ont entendu dire qu'il jouait la cour : il est très vraisemblable qu'il jouait tout le monde », avant de préciser que Danton lui-même avait affirmé « qu'il parlementait avec la cour », mais « pour la tromper ». Le lendemain de la chute de la Royauté, Danton, devenu ministre de la justice, l'engage comme secrétaire général avec Camille Desmoulins.

On l'accuse d'avoir « accaparé dix mille paires de souliers qu'il a ensuite vendues à nos volontaires à des prix usuraires ». Ces souliers, précise le dénonciateur, « ne duraient que douze heures à nos volontaires qui pataugeaient dans les plaines de la Champagne » Dans son journal figure des appels au massacre. Le 7 octobre 1796, la Convention adopte son projet de calendrier républicain. Il contribue à exaspérer la lutte des factions.

Dans le même temps qu'il fait voter la liquidation de la Compagnie des Indes, Fabre dénonce le 12 octobre aux deux comités une vaste « conspiration de l'étranger », mêlant agioteurs et agents de l'ennemi, dans laquelle seraient associés les députés François Chabot et Claude Basire . Toutefois, dans le cadre de l'enquête sur l'« affaire Chabot », on découvre que le décret de liquidation de la Compagnie des Indes orientales a été l'objet d'un faux, par Fabre et Delaunay, qui se trouvent ainsi associés à Chabot et Basire dans la même entreprise de chantage et de corruption. Il est arrêté dans la nuit du 12 janvier 1794. Il est déféré devant le tribunal révolutionnaire avec Danton qui pâtit de cette proximité, laquelle fut une arme pour Billaud pour abattre le Conventionnel. La légende veut qu'il ait pleuré sur la charrette le menant à l'échafaud, se lamentant de n'avoir pas pu terminer un poème. Danton, connu pour son esprit caustique, lui aurait alors déclaré : « Ne t'inquiète donc pas, dans une semaine, des vers, tu en auras fait des milliers… ». Une autre version prétend que Fabre aurait fredonné son *Il pleut, il pleut, bergère*, en montant à l'échafaud.

Dufourny

Personnage plus reluisant et intéressant que Fabre qu'il rencontrait parfois au café Corraza, Louis Pierre Dufourny de Villiers s'inscrit dans ce temps des Lumières assoiffé de savoirs et de progrès. Il mériterait d'être mieux connu. Né à Paris en 1739 il devint architecte mais se distingua dès 1789 par la publication des « *Cahiers du quatrième Ordre, celui des pauvres journaliers, des infirmes, des indigents, etc., l'ordre sacré des infortunés* ». Ces *Cahiers du quatrième ordre* marquent sa défense des infortunés et son entrée dans la Révolution dont il sera l'un des protagonistes jusqu'à sa mort en 1796. Ce terme de *quatrième Ordre* a été à l'origine du mot Quart-Monde. Dufourny appartient au groupe fondateur du club des Droits de l'Homme (Club des Cordeliers). C'est un membre actif du Club des Amis de la Constitution (Club des Jacobins). Un courant démocrate se développe mais l'exclusion des pauvres, devenue l'enjeu d'un conflit majeur, est finalement vaincue par la force (le 10 août 1792). Dufourny est alors nommé Régisseur des Poudres et Salpêtres et devient président du Département de Paris, après sa participation à la journée du "31 mai 1793". Il est arrêté aux Jacobins par Robespierre, le 3 avril 1794. Relâché après Thermidor, il est encore arrêté plusieurs fois. La Constitution de 1795 rétablit l'exclusion des pauvres. . . Il meurt à Paris le 12 juin 1796.

Robespierre, Saint-Just, Couthon : Ce triumvirat est accusé par Billaud-Varenne de dictature . Il ne paraît pas nécessaire de tracer ici leurs prestigieuses actions dans la Révolution Française car se serait tronquer la réalité en ne leur consacrant que quelques lignes. Il en est de même pour **Danton** (que l'historiographie commune et souvent galvaudée oppose à Robespierre) et **Camille Desmoulins .**

Jean-Louis Evens et le cimetière Sainte-Anne

Article du Bulletin des Nouvelles -Haïti- 2014 : « *Place Ste-Anne et Rue Carbone. Il est presque midi. Une odeur de « Florida » se répand. On ne voit pas l'ombre d'un franc-maçon, ni d'un houngan, ni d'un «cartomancien» dans les parages où les morgues pullulent. Un laveur d'auto, pantalon court, maillot bleu délavé, astique l'un des deux vieux corbillards noirs garés à la lisière de ce que fut jadis le parvis de l'église St-Anne. Au pied de l'autel, trois hommes et deux femmes dévisagent l'étranger et sa caméra. Le regard de ces gueules cassées brûlerait d'effroi même les peaux dures. Au-dessus de leur tête, la moitié du dôme qui ne s'est pas effondré. La croix passe un jour de plus au soleil qui éclaire un ciel partiellement nuageux. Des jours passent. Des semaines passent. Des années passent. Les pontes de la Conférence épiscopale ne disent rien sur le sort, sur l'avenir de l'église qui porte le nom de la grand-mère de Jésus. Ces lieux, sa mémoire, glissent un peu plus dans l'oubli. A l'arrière de ce qui reste du dôme de l'église, il y a un gardien de la mémoire, un mécène un peu particulier : Jean Louis Evens. Né le 9 février 1963, cet homme, qui vit avec des religieux depuis l'âge de cinq ans, a fait ici plus que l'ISPAN. De ses poches, Jean Louis Evens explique avoir pris 2'500 HTG pour réparer la tombe de François Xavier Elie Dubois, déclaré «Père de l'instruction publique d'Haïti» par arrêté municipal en date du 4 janvier 1908». Le gros des travaux a été réalisé le 27 janvier. Avant, la pierre tombale gisait par terre. «Cela m'avait attristé», confie Jean Louis Evens. Ce geste, il confie l'avoir «fait pour le pays». «Grâce à Elie Dubois, des Haïtiens ont appris à lire», indique cet homme bègue qui ne paie pas de mine. Le site est un lieu de mémoire, qui offrit une dernière demeure à des personnalités qui ont fait l'histoire d'Haïti : Jean-Jacques. Dessalines (1806), Charlotin Marcadieu (1806) , Joseph Balthazard Inginac (1847), Euphronise Cora Geffrard (1859). Là aussi se trouvent les cendres de Victor-Thérèse Charpentier Comte d'Ennery, (1732-1776) , Gouverneur français sous l'ère coloniale, décédé à Port-au-Prince, inhumé au cimetière Sainte-Anne, tout comme Jean Jacques Nicolas Billaud-Varenne (1756-1819), accusateur public impitoyable sous la Convention (1793-1794) en France, mort à Port-au-Prince en 1819. »*

Sommaire